Sven Ortoli / Michel Eltchaninoff

PHILOSOUFFLÉ

Sven Ortoli / Michel Eltchaninoff

PHILOSOUFFLÉ

Ein geistreiches Spiel mit der Philosophie

Aus dem Französischen
von Gaby Wurster

Piper
München Zürich

Mehr über unsere Autoren und Bücher:
www.piper.de

Die französische Originalausgabe erschien
unter dem Titel »Manuel de survie dans les dîners en ville«
bei Éditions du Seuil, Paris 2007.

Von Sven Ortoli liegen im Piper Verlag vor:
Die Badewanne des Archimedes
Berühmte Legenden aus der Wissenschaft
(mit Nicolas Witkowski)
Philosoufflé

FSC
Mix
Produktgruppe aus vorbildlich
bewirtschafteten Wäldern und
anderen kontrollierten Herkünften

Zert.-Nr. GFA-COC-1223
www.fsc.org
© 1996 Forest Stewardship Council

ISBN 978-3-492-05194-1

Satz: Filmsatz Schröter, München
Druck und Bindung:
CPI – Clausen & Bosse, Leck
Printed in Germany

DIE SPEISENFOLGE

VORWORT

Noch heute können wissbegierige Gelehrte bei den sokratischen Gastmahlen so gut als diejenigen, die damals wirklich bei Tisch saßen, mit zugegen sein und davon Genuss haben.

PLUTARCH, TISCHGESPRÄCHE, 6. BUCH

Michel Eltchaninoff und Sven Ortoli lernte ich – wie sonst? – bei einem Essen kennen, und zwar in Neapel beim jährlichen Bankett des *Vereins für die Freundschaft zwischen kontinentaler und analytischer Philosophie.* Es fand in einer völlig unauffälligen, übrigens ausgezeichneten Trattoria statt, deren einzige äußerliche Besonderheit die direkte Nachbarschaft zur Biblioteca del Convento ist, einer genauso unauffälligen Einrichtung, die keineswegs wie eine Bibliothek und noch viel weniger wie ein Kloster aussieht.

An den leicht enttäuschten Mienen der beiden konnte ich erkennen, dass sie sich in der Tür geirrt hatten. Man kann darin einen Sekundäreffekt der Brownschen Bewegung sehen, die das Leben postmoderner Menschen kennzeichnet, oder aber, im Gegenteil, die unabwendbare Vorbestimmung tragischer Figuren. Wen diese Problematik interessiert, verweise ich auf meine kleine *Ontologie des Zufalls*, eine ältere Veröffentlichung, die ich jedoch immer noch recht gut finde.

Gemäß den Gepflogenheiten der Antike lud ich die Fremden ein, sich unserem abendlichen Mahl anzuschließen. Ich glaube, sie hatten mich erkannt, denn sie verbargen ihren Stolz unter einer Maske, die auch Mark Aurel gut zu Gesicht gestanden hätte. Vor allem aber durch ihre äußerst bescheidene Zusage – »Nein, nein, wir wollen wirklich nicht stören!« – begriff ich, dass sie aus dem Holz waren, aus dem echte Philosophen geschnitzt sind.

Unnötig, hier die leidenschaftlichen Debatten zu schildern, die an jenem Abend geführt wurden, unter anderem »Logizität und Illogizität der Axiomatik«. Ich will hier nur so viel sagen: Als ich darauf bestand, die beiden zu ihrem Hotel zu begleiten – meine Aufmerksamkeit rührte sie sichtlich, und sie protestierten aufs Heftigste –, sagte der Erste überaus liebenswürdig, dass er diesen Abend so schnell nicht vergessen würde, und der Zweite fügte hinzu, über gewisse Abendgesellschaften gäbe es doch einiges zu sagen.

Wie wahr! Ist die Geschichte des abendländischen Denkens doch von denkwürdigen Mahlzeiten durchzogen: Allen voran Platons Symposion und Kierkegaards Gastmahl, wo wenig gegessen, aber viel getrunken wird – *in vino veritas*. Oder *Das steinerne Gastmahl*, bei dem Don Juan das Standbild des Komturs herausfordert, und das Aschermittwochsmahl des Giordano Bruno, der seinen Londoner Gästen das kopernikanische Weltbild erklärt. Man denke auch an das christliche Abendmahl oder den Seder-Abend als Auftakt des Passah-Fests. Voltaire bewirtete seine Gäste auf Gut Ferney ebenso mit geistreichen Worten wie mit geisthaltigen Getränken und herzhaften Speisen. Und in jüngerer Zeit liefen im Kino *Das große Fressen, Babettes Fest* und der dänische Film *Das Fest*. Eine opulente Tafel ist jedenfalls immer mit einer Geschichte verbunden, manchmal auch mit einer Offenbarung.

Doch sprechen wir jetzt über die sogenannten Abendgesellschaften.

Man kann nun der Meinung sein, das bourgeoise Geschwätz der heutigen Salonlöwen sei nichts gegen Aristophanes' scharfe Repliken auf den beißenden Spott des Alkibiades. Weit gefehlt! In Bezug auf Plattitüden und Gemeinheiten standen die Athener Gelage den heutigen Abendgesellschaften ganz sicher in nichts nach. Dort gab es genauso viele kleine Eingebildetheiten, falsche Paradoxa, wahnwitzige Manieriertheiten, theoretische Verdrehungen und definitive Aussagen, die einem so subtil das Maul stopfen wie eine B-52, die eine Ladung Bomben abwirft. Dennoch – als Sokrates den Raum betrat, brachte er das genaue

Gegenteil mit: den Stachel des Zweifels, die Weigerung, sich auf den schönen Schein zu verlassen, den Verstoß gegen den guten Geschmack und die Widerlegung bekannter Argumentationen.

Diese Rolle kann eigentlich jeder einnehmen, solange er sich nicht von den zeitgenössischen Sophisten beeindrucken lässt, das heißt von all jenen, die sich der Philosophie oder der Wissenschaft bedienen, um einen dialektischen Keulenschlag zu führen, der – für das Opfer sehr schmerzhaft – ihren Mangel an intellektueller Seriosität kaschieren soll.

Allerdings will dieses Büchlein nicht so sehr Waffen liefern – ohne die man sich schnell in der Lage des Mannes mit der Keule wiederfindet – als vielmehr Schlüssel. Wozu nämlich dient so eine Abendgesellschaft? Zyniker antworten darauf mit drei Worten: Sex, Geld, Macht. Oft ist das so, doch ich persönlich habe diese drei Elemente nie in schönerem Zusammenklang erlebt als in der Fernsehserie *Dallas*. Auch vergessen diese Zyniker dabei offensichtlich die Hauptsache – die Lust am Vergänglichen, an der Verführung, an dem, was vergessen sein, und dem, was in Erinnerung bleiben wird, und vor allen Dingen: den Wunsch nach Wahrheit.

Keine Posen, keine Hochstapeleien; das ist das Geheimnis eines gelungenen Essens. Also, genießen Sie das Diner – und wenn Sie nervös sind, denken Sie an den Rat des Autors von *Gullivers Reisen*: »Die Natur hat jedermann eine Fähigkeit gelassen, in Gesellschaft angenehm zu sein, wenn auch nicht zu glänzen.«

Marcello YASCHWILI-MCGREGOR jr.,
Nobelpreis für Philosophie 1987,
Gastprofessor am Corleone College
in Cambrigde, außerordentlicher Professor
an der Michel-Foucault-Medresa in Qom,
Ordinarius für Quantenmetaphysik
am Institut für Transdisziplinarität,
Mexiko (MIT)

ANKUNFT

IM GEISTE DES AUFZUGS

Es gibt gewisse Fehler in der Konversation, denen niemand so sehr unterworfen ist als die geistreichen Leute, und niemals so sehr, als wenn sie untereinander sind.
JONATHAN SWIFT

Sie warten auf den Aufzug, der Sie zu Ihrer Einladung bringt, währenddessen lassen Sie sich einen Gedanken von Slavoj Zizek, dem König der Pop-Philosophie, durch den Kopf gehen: »Es ist allgemein bekannt, dass der ›Tür schließen‹-Knopf in den meisten Aufzügen ein völlig funktionsloses Placebo ist, um den Individuen den Eindruck zu vermitteln, sie hätten irgendeinen Einfluss auf die Schnelligkeit, mit der der Fahrstuhl arbeitet.« Für Zizek, den Sie erst vergangene Woche entdeckt haben, ist dies eine Metapher für den postmodernen politischen Prozess, in dem die Mitbestimmungsmöglichkeiten der Bürger genauso illusorisch sind, sind sie doch aufgerufen, zwischen Kandidaten zu wählen, die im Grunde genommen das gleiche Programm vertreten.

Jemand kommt durch den Innenhof (Marmor, Grünpflanzen, Teich samt Koi) und nähert sich zögernd. Leider Gottes haben Sie über den eleganten Anzug Ihren alten Trenchcoat geworfen, den niemand auch nur mit der Zange anfassen würde und in dem Sie so kriminell und so pervers aussehen wie der Chicago Killer. Natürlich – das ist eine logische Folge aus Murphys Gesetz – geht genau in diesem Moment das Licht aus. Während Sie nervös nach dem Schalter tasten, berührt Ihre Hand die Hand des Neuankömmlings, der dieselbe Idee hatte und dies, seinem Aufschrei nach zu urteilen, bitter bereut. Die Tonhöhe des Schreis gibt im Übrigen einen Hinweis darauf, dass es sich um eine Frau handelt – was Sie auch gleich sehen können, als die Aufzugstür aufgeht. In beiderseitiger Verwirrung drängen Sie sich mit den üblichen Höflichkeitsfloskeln in die enge Kabine. Hm, denken Sie, soll ich vielleicht Zizek zitieren, um der Dame die Angst zu nehmen? Aber wie soll ich das am besten anbringen?

»Welches Stockwerk?«, scheint sich als Einleitung anzubieten – doch Vorsicht! Nach einer eingehenden Studie zum Verhalten in Aufzügen beantworten 90 Prozent der Angesprochenen diese Frage nur, wenn der Fragende direkt neben dem Schalttableau steht, der Prozentsatz sinkt jedoch drastisch auf 10 Prozent, wenn der Fragende in einiger Entfernung vom Tableau steht. Verhalten Sie sich also entsprechend und nehmen Sie die Dinge in die Hand – natürlich nicht mit verkniffener Miene, sondern mit einem freundlichen Lächeln.

Dieselbe, immer noch genauso eingehende Studie macht deutlich, dass man durchschnittlich sechzehn Sekunden mit einem Fremden im Aufzug verbringt. Etwas ratlos stürzen Sie sich Hals über Kopf in das, was Anglophone einen »Elevator Pitch« nennen, eine Präsentation, die auf dreißig Sekunden ausgelegt ist und, wie Sie sich dunkel erinnern, nach der AIDA-Formel aufgebaut ist:

A wie Aufmerksamkeit erregen, I wie Interesse wecken, D wie Dranbleiben, A wie in Aktion treten:

1) Legen Sie einen Köder aus – sagen Sie etwas, das Ihr Gegenüber garantiert überrascht. Zum Beispiel: »Nach einer eingehenden Studie ist die Wahrscheinlichkeit, im Aufzug einem Psychopathen zu begegnen, acht Mal höher als in der Metro.«
2) Beschränken Sie sich bei Ihrem Einwurf auf hundertfünfzig Wörter – verschiedene, wenn's geht; die ständige Wiederholung immergleicher Silben könnte Ihr Gegenüber nervös machen.
3) Geben Sie sich leidenschaftlich: »Ich stehe total auf enge Aufzugskabinen, ich habe das Gefühl, dass hier alles passieren kann.«
4) Schließen Sie mit einer Frage: »Mögen Sie Horrorfilme?«

Allerdings lassen sich transatlantische Methoden auf dem Alten Kontinent nicht immer problemlos anwenden und müssen demnach angepasst werden. Die Lösung liegt auf der Hand: Sobald Sie das gewünschte Stockwerk gedrückt haben (siebte Etage, wo auch Sie hinwollen), sollten Sie schnellstens Zizeks Knopf bemühen.

Doch leider öffnet sich die Tür wieder, die soeben im Begriff war zuzugehen, und Ihre Kabinengenossin ist erstarrt. Wetzen Sie die Scharte mit dem Satz aus: »Das ist Zizeks Placebo.« Sie lachen über Ihr unverständliches Resümee. Als es schließlich doch losgeht, blickt Ihre Mitfahrerin vom Grauen gepackt auf die Zahlen der Stockwerksanzeige, die viel zu langsam vorbeiziehen. Ihnen wird klar, dass Sie wohl ziemlich wunderlich wirken müssen. Um den schlechten Eindruck wettzumachen, wollen Sie übereifrig auf den »Tür öffnen«-Knopf drücken, kaum dass der Aufzug im siebten Stockwerk angekommen ist. Doch wieder irren Sie sich, und die Tür schließt sich erneut.

Die Frau schreit.

APERITIF

DAS RICHTIGE VERHALTEN GEGENÜBER JOURNASOPHEN

Von allen Ratschlägen, mit denen man Sie im Hinblick auf eine Abendgesellschaft überhäufen könnte, ist dieser hier bestimmt nicht der glorreichste, aber mit Sicherheit der philosophischste. Er entspricht der berühmten Schildkrötenformation römischer Legionäre, einer bewährten Taktik gegen den Pfeilhagel numidischer Bogenschützen oder, in Ihrem Fall, der Intellektuellen vom linken Seine-Ufer.

Was soll man auch machen, wenn, aus genauso unerfindlichen Gründen wie sich zwei Hunde auf der Straße an die Kehle gehen (»You talkin' to me?«), zwischen Ihnen und dem unumstrittenen Salontiger, dem »Journasophen«, gleich gegenseitige Antipathie aufkeimt? Keine einfache Sache … Zunächst aber muss man wissen, mit wem man es zu tun hat.

Um es gleich vorwegzunehmen: Der unverzichtbare Neologismus »Journasoph« deckt eine Bandbreite ab, die weit über die darin anklingende Verbindung von Journalist und Philosoph im engeren Sinne hinausgeht. Dennoch möchten wir uns hier auf eine gedeihliche Pariser Varietät beschränken.

Also: Der Mann ist kein Philosoph – oder nicht nur; *ad minima* hat er Philosophie studiert und weist die Bezeichnung »Journalist« weit von sich, nichtsdestotrotz hat er mindestens eine Sendung im Rundfunk, er spricht regelmäßig einen Kommentar bei irgendeinem Nachrichtensender und genauso regelmäßig schreibt er für ein lokales Blatt. »Die Lokalpresse ist eine Wohltat, ich hasse das Jakobinertum der großen Medien!« Selbstverständlich verfasst er auch Bücher, die sich zudem auch noch gut verkaufen. Über den Inhalt kann man streiten, aber schreiben kann er. Und weil man schließlich auch von irgendetwas leben muss, leitet er hin und wieder ausgesuchte Veranstaltungen, etwa Seminare zur Kreativmeditation für das gehobene Management multinationaler Konzerne: »Von Sunzi bis Machiavelli – eine Philosophie des Sieges«.

Man erkennt ihn leicht an seinem Auftreten. Bei einer todschicken Abendgesellschaft erscheint er im Rollkragenpullover, jovial und ungezwungen, und legt äußerste Anspruchslosigkeit an den Tag, betont noch durch seine Sandalen, um die ihn jeder Franziskaner beneiden würde. Oder er trägt einen sandfarbenen Sakko, dunkelgraue Jeans und weißes T-Shirt, ein Tüchlein aus Wildseide lässig um den Hals geschlungen wie Lawrence von Arabien, dazu eine schmale, dünne Brille und eine Bräune, die nicht aus dem Sonnenstudio stammt (wo die sechste Sitzung gratis ist), sondern von einem Kongress in Erice auf Sizilien, wenn es nicht gar Darfur war (»Darüber will ich hier nicht reden; das wäre geschmacklos«).

Jedenfalls kann Ihnen dieser Mann durch Dropping und Dripping ein Gemälde der Globalisierung hinwerfen, das eines Pollocks würdig wäre. Und er tut sich keinerlei Zwang an: Hier tröpfelt er ein wenig 11. September hin, dort verspritzt er ein bisschen Nanotechnologie. Nichts entgeht seiner Themen-Bulimie, und aus seinem Mund klingen selbst die gewagtesten Theorien klar und verständlich.

Der Journasoph hat nämlich ein gewisses Talent für die Kreuzung von Theorien: Mit der Selbstsicherheit eines viidianischen Chirurgen aus *Star Trek* verbindet er Einsteins Relativitätstheorie und Picassos Kubismus. Man kommt sich vor wie der letzte Trottel, wenn man ihm zuhört. Außerdem hat er sich recht gut gehalten – die Frauen betrachten ihn mit Interesse.

Doch hört man genau hin, erscheint einem das, was er sagt, natürlich nebulös und fraglich. Aber wie kann man sich da sicher sein? Vielleicht quält Sie ja auch nur der Neid. »Erfolge schaffen Erfolge« und Freunde, wusste schon im 18. Jahrhundert der Moralist Nicolas Chamfort. Stimmt, aber andererseits macht der Erfolg nicht notgedrungen alle Leute zu Freunden: Mit dem scharfen Blick eines alten Krokodils hat der Journasoph schnell die wirklich wichtigen Leute von den Wichtigtuern unterschieden und geizt bei Letzteren, zu denen ganz offensichtlich auch Sie gehören, ein wenig mit seinem Lächeln. Andererseits kann der Erfolg eines anderen auch sehr unangenehm sein. Während Sie sich dieser Gewissensprüfung so aufrichtig wie möglich unterziehen, merkt er offenbar, dass Sie ihm mit Ihrer zweifelnden Miene den Krieg erklärt haben – mitten in einem Publikum, das er größtenteils bereits erobert hat. Doch da haben Sie Ihre Waffen schlecht gewählt. Er kennt alle Tricks und Kniffe und wirft Ihnen listig zu: »All das kann man natürlich kontrovers diskutieren? Was meinen Sie?«, begleitet von einem bescheidenen Lächeln.

Ihre Verteidigungslinie wird so schwammig sein wie Ihre Meinungsäußerung simpel, denn der Journasoph zieht seine Macht aus dem Überraschungsmoment und der Verstiegenheit der Theorien, die er durcheinanderschüttelt: »Ist hier ein Fachmann für das eine oder andere Thema?« Ihm wendet sich der Journasoph zu und umgekehrt. Und was die Beziehung zwischen der Raumzeitkrümmung und Picassos *Desmoiselles d'Avignon* angeht – lassen Sie es gut sein. Es sei denn, Sie können unter irgendeinem fadenscheinigen Vorwand schnell googeln gehen und feststellen, dass Einstein den ersten Kunsthistoriker, der diese Verbindung herstellen wollte, als Hornochse bezeichnet hat. Sagen Sie dem Herrn einfach nur, dass Sie seinem Gedankengang nicht folgen konnten, und vermeiden Sie es tunlichst, die muntere Konversation durch Ihre Begriffsstutzigkeit zu belasten.

Merke: Wenn Sie weder Lust noch Kraft haben, aus wenig nachvollziehbaren Gründen mit einem Profi-Schwätzer die Klingen zu kreuzen, denken Sie an Epiktet: »Wenn dann einer zu dir sagt: Du weißt aber nichts, und du bist nicht aufgebracht darüber, so hast du den Anfang deiner Aufgabe erfasst. Die Schafe beweisen dem Hirten nicht dadurch, dass sie das Futter wieder von sich geben, wie viel sie gefressen haben, sondern sie tragen Wolle und geben Milch.«

Natürlich wäre dies eine wunderbare Gelegenheit, den Lümmel Schafe hüten zu schicken.

Aber belassen Sie es einfach bei Epiktet.

VOM GUTEN GEBRAUCH EINES ZITATS

Ganz wie bei den Amuse-Gueules sollte man auch bei Zitaten das richtige Maß und strikte Besonnenheit walten lassen. Jeder verfügt ja über ein kleinen, sorgfältig geschliffenen Zitatenschatz, der sich im Gebrauch bewährt hat und normalerweise leicht zur Hand ist. Doch man muss ihn auch im rechten Augenblick einzusetzen wissen. Nun aber ergeht sich neben Ihnen ein Redner in einer gewagten Argumentation (Das Unbehagen in der Kultur; Der Kampf der Kulturen), die er mit einem kapitalen Zitat abschließt, zum Beispiel: »Schon Malraux hat es gesagt: ›Das 21. Jahrhundert wird religiös sein oder es wird nicht sein.‹«

Gut. Muss man darauf eingehen? Muss man anmerken, dass sich der Abenteurer und spätere Staatsminister Malraux gegen diese Äußerung verwahrte? »Das habe ich niemals gesagt, denn ich weiß es nicht«, und er fügte hinzu, er schließe nicht aus, dass die Spiritualität »auf unserem gesamten Planeten« wieder eine wichtige Rolle spielen könnte. Der Vorteil Ihres Einwurfs: So können Sie den Astrologen erkennen, eine priesterliche Gestalt, die sich unter den Anwesenden versteckt und die bei jeder Verbindung der Worte »Planet« und »Spiritualität« die Nase kräuselt (es funktioniert auch mit »Zeichen« und »Einfluss«).

Natürlich kann es gefährlich werden, wenn Sie Zitaten von anderen widersprechen – Sie könnten als Pedant oder als alter Nörgler abgestempelt werden. Außerdem könnte die Unterhaltung ins Thema Esoterik abrutschen (»Ich glaube nicht daran, aber ab und zu lese ich doch mein Horoskop«). Deprimierend. Dennoch lohnt das Spiel mit den geflügelten Worten: Ihnen eröffnet sich ein Königsweg, wenn nicht mehr.

Vergessen Sie Malraux – bringen Sie Walter Benjamin ins Spiel und das Gespräch auf die Kunst des Zitats: »Zitate in meiner Arbeit sind wie Räuber am Weg, die bewaffnet hervorbrechen und dem Müßiggänger die Überzeugung abnehmen.« Was Brecht und die Surrealisten auf ihren jeweiligen Gebieten schufen, hat Benjamin in der Philosophie getan: Er glaubte an die Kraft der Collage und der Allegorie, um eine Welt zu erfassen, in der es immer weniger Gewissheiten gibt. Übrigens träumte er davon – wie auch sein Freund, der Literaturwissenschaftler Erich Auerbach –, ein Buch nur durch Zitatmontage zu verfassen. Schlagen Sie den Anwesenden also einen kleinen Zitatenwettstreit vor – und ran an den Feind!

SIE *(ein wenig herablassend)*: »Einen großartigen Beweis von der erbärmlichen Subjektivität der

Menschen liefert die Astrologie, welche den Gang der großen Weltkörper auf das armselige Ich bezieht.« (Schopenhauer)

DER ASTROLOGE *(schlagfertig)*: »Durch viele Zitate vermehrt man seinen Anspruch auf Gelehrsamkeit, vermindert aber den auf Originalität.« (Ebenda)

SIE *(ein wenig gereizt)*: »Es gibt mehr Ding im Himmel und auf Erden, als Eure Schulweisheit sich träumt.« (Shakespeare, Hamlet)

ASTROLOGE: »Erkenne dich selbst.« (Der Überlieferung zufolge soll diese Inschrift am Eingang des Tempels von Delphi angebracht gewesen sein. Man kann sie auch griechisch aussprechen, um sie noch kryptischer zu machen: *gnõthi seautón.*)

SIE: »Und mit deinem Geiste.« (aus dem liturgischen Friedensgruß)

DIE GASTGEBERIN *(will ablenken)*: »Je später der Abend, desto schöner die Gäste!«

JOURNASOPH *(schielt auf das Dekolleté seiner Tischnachbarin)*: »Die Lüge dagegen ist ein schöner Sonnenuntergang, der alle Dinge verschönert.« (Albert Camus)

DIE TISCHNACHBARIN *(warnend)*: »Leben überhaupt heißt in Gefahr sein.« (Nietzsche)

HAUSHERR *(nervös)*: »Die meisten Dinge, die uns Vergnügen bereiten, sind unvernünftige Dinge.« (Montesquieu)

JOURNASOPH *(spielt den Verführer)*: »Die Kunst

zu lieben? Sie besteht darin, mit dem Temperament eines Vampirs die Diskretion einer Anemone zu verbinden.« (E. M. Cioran)

DIE TISCHNACHBARIN *(grimmig)*: »Dein schwarzes Herz durchbohrt jetzt ein Pfahl, / Und im Dorf die fanden dich niemals gut.« (Sylvia Plath, amerikanische Lyrikerin)

JOURNASOPH *(beleidigt)*: »Der ist ein bisschen kurz, junge Frau!« (Frei nach Cyrano de Bergerac)

DIE TISCHNACHBARIN *(mimt die Mitfühlende)*: »Keine Sorge, die Größe ist nicht entscheidend.« (Anonym, sehr alt)

HAUSHERR *(höflich, auch wenn er nichts dafür kann)*: »Aber ob da eine herzliche Gastung sein mög' … – ohne das Gewürz der Torheit kann gar keine lustig und fröhlich sein.« (Erasmus)

Nun dürfen Sie keinem anderen den Schlusssatz überlassen. Zitieren Sie Erich Auerbach, der 1937 aus seinem Istanbuler Exil an Walter Benjamin in dessen Pariser Refugium schrieb: »Immer deutlicher wird mir, dass die gegenwärtige Weltlage nichts ist als eine List der Vorsehung, um uns auf einem blutigen und qualvollen Wege zur Internationale der Trivialität und zur Esperantokultur zu führen.«

Was will man dem noch hinzufügen?

TOCQUEVILLE HATTE RECHT

Er gehört nicht zu jenen Intellektuellen, für die die Philosophie dort aufhört, wo das Leben, das wirkliche Leben beginnt. Für ihn steht »D & G« nicht nur für das philosophisch-psychiatrische Zweigestirn Deleuze / Guattari, sondern auch für ein bekanntes Modelabel. In seinen Augen gibt es keinen Grund, eine Kneipe oder irgendwelche Fernsehserien gering zu schätzen, auch nicht die samstäglichen Einkäufe im Supermarkt oder einen Ausflug ins EuroDisney (»Auch Umberto Eco ist schon dort gewesen«).

»Anything goes« fasst für ihn (wenn wohl auch nur sehr vage) Paul Feyerabends Erkenntnistheorie zusammen; diesem hat er die anarchistische Formel geklaut und wendet sie auf die Philosophie des Alltags an. Er liegt voll im Trend. Überdies ist er mit dem Bus gekommen. Er sitzt noch nicht einmal, da hat er gleich etwas Wichtiges zu sagen und unterbricht Ihre kümmerliche Konversation: »Tocqueville hatte recht«, und fügt großspurig hinzu: »Der 38er war voll, aber ich habe mich geweigert, einer älteren Dame meinen Sitzplatz zu überlassen.«

Und schon hat der Denker in Sachen Alltagspolitik alle Aufmerksamkeit auf sich gezogen. Er ist klein, seine Augen flackern hinter einer runden Edelstahlbrille, und er sieht ein bisschen so aus wie John Lennon als Leiter eines Programmkinos. Mit schriller Stimme entwickelt er nun seine Argumentation, immer noch mit funkelndem Blick, damit man auch ja begreift, dass er auf Provokation aus ist.

»In unseren Demokratien ist das öffentliche Leben unerträglich geworden. In den Pariser Nahverkehrsmitteln geht die *Bus Attitude* um – diese Kampagne mit den pinkfarbenen, runden Aufklebern, die locker rüberkommen sollen, aber einem bis in die kleinste Kleinigkeit vorschreiben, was man tun soll: ›Entwerten Sie Ihren Fahrschein‹, ›Bitte nach hinten durchgehen‹, ›Seien Sie freundlich zum Fahrer‹, ›Überlassen Sie Ihren Sitzplatz älteren Mitbürgern‹, ›Behindern Sie andere Passagiere nicht mit Ihrem Gepäck‹ und so weiter. Wenn der Fahrgast die nett gemeinten Befehle der Pariser Verkehrsbetriebe befolgt, lässt er sich infantilisieren und von einer Instanz bevormunden, die über sein Glück wacht und die ihm diktiert, wie er sich zu verhalten hat.«

Ganz anders »John«! Er ist ein Rebell, ein echter Rebell. »Ich bin Tocquevilleaner und stehe dazu.« Schweigen im Raum. Vor dreißig Jahren wäre das originell gewesen und vor allem mutig, denn damals kam so etwas fast nur von Kritikern des Totalitarismus wie Raymond Aron. Dann tauchten immer mehr Epigonen auf, und in den Achtzigerjahren, als Marx ein wenig aus der Mode war, wurde Tocqueville zum Propheten erhoben. Er hat alles vorausgesagt, sogar Ihre Busfahrt.

Da macht sich »John« auch schon daran, mit dem Feuereifer eines Neubekehrten zu erläutern: »Nach seinem Studienaufenthalt in den USA, in den Dreißigerjahren des 19. Jahrhunderts, hat Alexis de Tocqueville *Über die Demokratie in Amerika* veröffentlicht. In der Neuen Welt sieht er ein politisches System in all seiner Reinheit. Arme Franzosen, die aus dem Erbe des Jahrhunderte währenden Ancien Régime nun mühsam eine Demokratie machen müssen! Dieses Problem haben die Amerikaner nicht – deshalb hat Tocqueville übrigens auch unsere Zukunft dort gesehen. Na, eine tolle Zukunft! Eine ehedem triumphierende Demokratie, die in einen neuen Despotismus umzuschlagen droht.« Und nachdem er seinen ersten Fruchtsaft getrunken hat (»Ich trinke nie Alkohol«), versetzt er noch: »Wie bei der *Bus Attitude*.« Man gießt ihm umgehend wieder ein.

Ein Schluck, und es geht weiter: »Das große demokratische Thema ist in der Tat die Gleichheit. Jeder Bürger achtet darauf, dass ihn auch ja kein anderer in irgendeinem Bereich überflügelt. Unter einer Bedingung: dass ihm zum Ausgleich die kleinen Freuden des Alltags garantiert sind.« Atem holen, Zitat des Meisters: »›Ich sehe eine Menge einander ähnlicher und gleichgestellter Menschen, die sich rastlos im Kreise drehen, um sich kleine und gewöhnliche Vergnügungen zu verschaffen, die ihr Gemüt ausfüllen. Jeder steht in seiner Vereinzelung dem Schicksal aller andern fremd gegenüber.‹«

Unser »John« schließt mit derselben Verve: »Sobald sich der Mensch aus der Politik heraushält, überlässt er es dem Staat, sich auch noch um seine niedrigsten Launen zu kümmern. Da er es fast verlernt hat, mit anderen zu sprechen, braucht er geschriebene Regeln, die ihm vorschreiben, wie er sich zu verhalten hat.«

Zum Beispiel einer älteren Dame den Sitzplatz zu überlassen?

Tocqueville hatte recht: »John« sollte besser ein Taxi nehmen.

ROCK UND SEINE VORSOKRATISCHEN GRUNDLAGEN

Zum Aperitif soll ein bekanntes Stück von U2 die Diskussion einleiten. Der abgefahrene Musikologe – Lederjacke, Turnschuhe und ergrauende Mähne – stellt *die* Grundsatzfrage: »Was ist Rock?« Darauf will er natürlich selbst antworten, versuchen Sie also erst gar nicht, das Wort zu ergreifen. Denn er mag vielleicht cool aussehen, aber er wird Ihnen kaum zuhören und immer lauter seufzen, bis er Ihnen dann brüsk das Wort abschneidet.

Um es kurz zu machen – er hebt zu einer Aussage an, so flammend wie Jimi Hendrix, als er seine erste Gitarre verbrannte: »Rock hat vorsokratische Grundlagen.« Zugegeben, das haut rein, auch wenn Sie die Vorsokratiker nur so ungefähr einordnen können (das war doch vor Sokrates, oder?). Nun, von dem New Yorker Schriftsteller Nick Tosches inspiriert, behauptet der Musikologe, dass sich die ganze unschuldige Wildheit der States im Zweiertakt des Rock ausdrückt und dass diese Musik dem nordamerikanischen Kontinent seine wahren Wurzeln verliehen hat, einem Kontinent, der nun in einer dicken Soße aus Kommerz und politischer Korrektheit versinkt.

Die Rockmusik hat also die gleiche Funktion wie die antike Philosophie in ihren Anfängen im 7. bis 5. Jahrhundert v. Chr., bevor sie von Platons kühler Ideenlehre verschüttet wurde. Im Wesentlichen argumentiert der Musikologe, dass Parmenides (der Dichter des Seins), Heraklit (wegen seiner Unverständlichkeit »der Dunkle« genannt), Pythagoras (der bei den Olympischen Spielen alle Siege im Faustkampf davontrug, bevor er sich der Philosophie verschrieb), Empedokles (der sich nicht in das Bad in der Menge, sondern in den Krater des Ätna stürzte) und Thales (der in einen Brunnen fiel wie Keith Richards von der Kokospalme), dass also all diese Verfasser großartiger Weltengesänge, diese Denker über die großen Fragen des Seins, dass sie die Eddie Cochrans und Little Richards der Ideengeschichte waren. Er schließt: »Die Rockmusiker tragen dieses heilige Feuer weiter.«

Wenn sich der *rock thinker* dann wieder ein wenig beruhigt hat und einem noch versnobteren Gast, für den die Musik bei J. S. Bach aufhört, über den Mund gefahren ist, wird er zum Schluss ein Potpourri über das Wesen der Rockmusik improvisieren: »Rock hat vorsokratische Grundlagen, weil diese Jungs damals den Zweiertakt in der Philosophie erfunden haben: Das Seiende ist – das Nicht-

Seiende ist nicht.« Das war von Parmenides, und Ihnen bleibt nur noch, mit Heraklit zu ergänzen: »Und man kann nicht zweimal in denselben Fluss steigen.« *Shake it, baby!*

MEIN HUND IST SITUATIONIST

Sie kommen zu spät zu Ihrer Einladung; das kann passieren. Aber nicht nur die übliche halbe Stunde, nein, die Verspätung ist so groß, dass es langsam auffällt, es sei denn, Sie sind ein Promi. In diesem Fall gilt das Gesetz: Die Freude der Gäste steigt proportional zum Quadrat der Wartezeit. Nicht so bei Ihnen: Ein erster Schwall verlegener Entschuldigungen hat die beunruhigten Gastgeber beschwichtigt, doch der Gang von der Garderobe in den Salon ist ein Spießrutenlauf. Bestenfalls sind die Blicke, die Sie treffen, gleichgültig oder gespielt freundlich, schlimmstenfalls offen feindselig.

In dem Schweigen, das folgt, als Sie in einem Sofaeckchen Platz nehmen – nur auf einer Hinterbacke –, erhebt sich eine Stimme: »Mein Hund ist Situationist.« Diese Stimme ist die Ihre. Bravo, Sie haben die Kurve gekratzt. Die Anwesenden starren Sie an, sogar die beiden Männer, die lässig im Lehnstuhl fläzen und in ihrer ganzen Ungezwungenheit so aussehen, als würden sie zum engeren Kreis gehören und als wären sie keinesfalls bereit, mit dem Flegel zu plaudern, der hier als Letzter hereingeplatzt ist.

Nun müssen Sie entweder aus der Partie aussteigen oder verdoppeln. Ihre Behauptung ist gewagt, himmelschreiend gar – passen Sie auf, dass Sie nicht darüber stolpern.

Zunächst einmal: Bleiben Sie gelassen. Die meisten Leute kennen die Situationisten zwar vom Hörensagen, doch nur wenige wissen, um was und um wen es sich dabei dreht. Vielleicht erinnern sich einige Gäste vage an deren Blütezeit während der 68er-Bewegung, mehr aber nicht. Auch den Interessierten war die Sache nicht immer ganz klar. Kein Grund zu schlampen. Lassen Sie erst das Stichwort fallen, das die Spreu vom Weizen trennt: Man sagt »S.I.« für Situationistische Internationale, genauso wie ein Vielflieger »Joburg« für den Flughafen von Johannesburg und »LAX« für den von Los Angeles sagt.

Vermeiden Sie nun Anfängerfehler und frischen Sie den Stoff ein wenig auf:

1) Sprechen Sie auf keinen Fall vom »Situationismus«. Die S. I., selbst eine linksradikal orientierte Künstlergruppe, widersprach der revolutionären Theorie, ob marxistisch oder maoistisch, und wandte ein, dass lediglich die Praxis (das »wirkliche Leben« bedeutet das Gleiche, klingt aber schrecklich kleinkrämerisch) die bestehende Ordnung ins Wanken bringen könne. Daher gab es für die S. I. keinen »Situationismus«, sondern nur »Situationisten«, die objek-

tive (künstlerische und im Wesentlichen subversive) Situationen herstellen wollten, in denen das Leben selbst zum Kunstwerk wird. Erinnern Sie unbedingt an die eine oder andere legendäre Episode, erzählen Sie zum Beispiel, wie am Ostersonntag 1950 ein falscher Mönch in der Kathedrale Notre-Dame de Paris die Kanzel bestieg und »den Tod Gottes« verkündete und wie er von der Polizei gerettet werden musste, um nicht von den Gottesdienstbesuchern gelyncht zu werden. Lassen Sie dann ganz beiläufig fallen, dass die S. I. natürlich zu weiten Teilen mit den großen Unruhen und den großen Illusionen von 1968 verbunden war, dass sie Werbetexte und Comic-Bilder zweckentfremdete, indem sie sie durch situationistische Inhalte ersetzte, und dass sie die Theorie der Rekuperation, der Vereinnahmung der Rebellion als »spektakuläre Ware« durch das System, begründete. Erwähnen Sie zum Schluss noch die Beteiligung der Situationisten an der sogenannten sexuellen Revolution der Nach-68er-Zeit.

2) *Die Gesellschaft des Spektakels* (1967), das berühmte Werk des S. I.-Gründungsmitglieds Guy Debord, ist keine prophetische Antizipation des Reality-TV und der Macht der Medien – jedenfalls nicht nur –, sondern eine Anprangerung dessen, was Marx den »Warenfetischismus«

nannte; im Klartext: die Verehrung einer Ware, als hätte sie einen eigenen, echten Wert.

3) Schließen Sie mit dem situationistischen Prinzip, dass jeder ein Revolutionär sein kann. Damit verwandelte sich ein sprachlicher Missgriff insofern in einen ideologischen Missbrauch, als die S. I. den Weg für ein Denken bereitet hat, nach dem alles, was im Grunde nur Dandytum und Exzentrik bis hin zur Unkultiviertheit war, politische Bedeutung hat. Und so ist am Ende auch mein Hund ein Lenin, nur weiß er es nicht.

Nachdem Sie nun Sie das formale Gerüst gebildet haben, sollten Sie es auch mit Inhalt füllen: »Mein Hund ist Situationist, das weiß ich. Dafür gibt es untrügliche Zeichen. Jahrelang hat er den Rinnstein verschmäht und nur auf Jeeps gepinkelt. Doch jetzt hat er sein Verhalten schlagartig geändert. Er macht ostentativ einen großen Bogen um diese Wagen, und ich spüre, dass er auf meine Reaktion lauert. Wissen Sie«, sagen Sie zur Gastgeberin, »er hätte sicherlich mit dem Schwanz gewedelt, wenn ich ihn heute Abend mitgebracht und er gesehen hätte, wie sich dieser Rüpel direkt vor Ihrem Haus auf den Behindertenparkplatz gestellt hat und dann aus seinem *Hummer* mit den getönten Scheiben ausgestiegen ist. Ich sehe darin eine eindeutige Stellungnahme.«

Atmen Sie tief durch, bevor Sie Ihren Gedanken

weiterentwickeln, und nutzen Sie die Zeit, um die Anwesenden zu betrachten, die an Ihren Lippen hängen: Ha, Ihr Publikum scheint zweigeteilt zu sein, zwischen Verblüffung und Verlegenheit … Die Gastgeberin bittet überstürzt zu Tisch, und ein Gast wirft Ihnen einen Blick zu, der in der Lage gewesen wäre, einen Eskimo zu Eis erstarren zu lassen. Als Sie sich verdutzt erheben, flüstert Ihnen ein mitfühlender Mensch zu: Ebendieser Herr, übrigens ein berühmter Filmproduzent, sei der glückliche Besitzer dieses Blechmonstrums.

Um Ihre Würde zu wahren, sagen Sie schnell, dass Ihr Babysitter krank geworden sei, und machen Sie sich aus dem Staub. Fahren Sie mit Ihrem alten Auto weg, dessen CO_2-Ausstoß leider gar nicht so weit hinter dem des neben Ihnen geparkten Jeeps zurückbleibt.

Gut gemacht, dass Sie diesem Rüpel die Leviten gelesen haben! Aber ganz ehrlich – waren Sie mit Ihrer S. I. hier und Ihren Vielfliegern da nicht ein ziemlicher Snob?

VORSPEISEN

VON DER KRITISCHEN MASSE EINER GELUNGENEN ABENDGESELLSCHAFT

Der Begriff »Kritische Masse« wurde bekanntlich erfolgreich in alle möglichen Wissensgebiete exportiert. Kaum mehr zu zählen sind sie, die Kritischen Massen, die man erreichen oder überschreiten muss – Industrielle etwa (um Entlassungen zu rechtfertigen), Radfahrer und Skater (um sich mit Autos zu messen), Telepathen mit kosmischem Bewusstsein (um die Ankunft von Außerirdischen zu begünstigen) und Philosophen (um den Punkt zu definieren, an dem es kein Zurück mehr gibt).

Wir zitieren hier lediglich einen der Letzteren und weisen darauf hin, dass wir folgende Feststellung dem berühmten Jean Baudrillard verdanken: »Bisher haben wir eine deterministische Gesellschaft deterministisch analysiert. Heute aber brauchen wir die indeterministische Analyse einer indeterministischen Gesellschaft – einer fraktalen, aleatorischen, exponentiellen Gesellschaft der kritischen Masse und der extremen Phänomene, einer durch und durch vom Prinzip der Ungewissheit, der Unschärferelation beherrschten Gesellschaft.« Ohne auf der Gültigkeit dieser Behauptung bestehen zu wollen, begnügen wir uns hier damit, die Beobachtung des französischen Chansonniers und Humoristen Pierre Dac anzuführen: »Wenn man sieht, was man sieht, und wenn man hört, was man hört, hat man auch allen Grund zu denken, was man denkt.«

Die Anwendung des Begriffs der Kritischen Masse auf das spezielle Feld einer Abendgesellschaft erfordert also einige Vorsichtsmaßnahmen. Erinnern wir uns in diesem Sinn, dass sich die Kritische Masse in der Atomphysik auf ein Stück spaltbares Material bezieht (beispielsweise auf einen 50-Kilo-Brocken Uran-235), die Mindestmasse, ab der die bei einer Kernspaltung freigesetzten Neutronen eine Kettenreaktion aufrechterhalten können (ein Neutron löst zwei andere aus, die wiederum spalten vier weitere ab und so weiter). Mit anderen Worten: Die Kritische Masse bestimmt den Punkt, *ab* dem eine Reaktion ausgelöst und *vor* dem der Prozess mangels Kombattanten abgebrochen wird.

Übertragen auf ein Abendessen, bezieht sich die Kritische Masse eher auf die Anzahl der Gäste für sich als auf deren Masse an sich – selbstverständlich handelt es sich dabei um eine notwendige Simplifizierung, weil andernfalls eventuell gewichtige Diskrepanzen auftauchen und die Berechnungen ernstlich stören könnten. Wenn nun, wie wir nicht unbegründet postulieren möchten, die ideale Masse aller Gäste zusammen bei plus/minus 500 Kilo liegt, kann man durch einen einfachen Dreisatz aufzeigen, dass man mit sechzehn anorektischen Models oder aber mit drei Sumo-Ringern zu Tisch sitzen kann. Doch auch wenn man solche Klippen umschifft hat, bleibt die grundsätzliche Frage bestehen.

Die antiken Philosophen, bei denen Gastmähler gang und gäbe waren, haben darauf unterschiedliche empirisch begründete, aber sich annähernde Antworten gegeben. Athenaios von Naukratis – Verfasser der *Deipnosophistai*, des »Gelehrtenmahls« – gibt als Obergrenze dreißig Gäste an, fügt aber hinzu, diese Anzahl sei lediglich bei Hochzeiten akzeptabel. Alles in allem stimmen die Antiken mit Julius Cäsars Zeitgenossen Marcus Terentius Varro überein, dass die Anzahl der Gäste mindestens drei, höchstens aber neun betragen sollte. Diese Zahl – und Varros Formulierung – führt charmanterweise auch die Marquise du Deffand, eine begnadete Salonière des 18. Jahrhunderts, in einem Brief an Horace Walpole an: »Ich möchte immer nur mit fünf, sechs oder sieben Gästen speisen – wie man in unseren Kreisen sagt: Mehr als die Grazien, weniger als die Musen.«

Jedenfalls klingt das schöner als »Kritische Masse«, oder? Und wer noch einen bewährten, handfesten Rat braucht, denke über die Sentenz von Horace's antikem Namensvetter nach, der so manches Mal unter dem »Geißduft« seiner ungewaschenen römischen Tischgenossen litt: »Freilich verspürt es die Nase, wenn Gäste sich allzu sehr drängen.«

WIE ICH MEIN HAUS DEKONSTRUIERT HABE

Nun ist der Moment gekommen, die Sprache auf die Renovierung Ihrer Dreizimmerwohnung oder Ihres kleinen Bauernhofs mit Originalfachwerk zu bringen, kurz, auf Ihre Umbauarbeiten. Doch sehen Sie sich vor! Das Thema ist zwar von allgemeinem Interesse – die Runde besteht wahrscheinlich aus einem Lager, das eine solche Maßnahme schon hinter sich hat, und aus einem anderen Lager, das Entsprechendes plant –, doch dürfen Sie nicht fälschlicherweise davon ausgehen, dass die Sache an sich schon interessant sei. Auf keinen Fall sollten Sie über Ihre Fehler schwadronieren, denn dann wartet jeder nur ungeduldig darauf, seinen Senf dazuzugeben, ohne noch weiter zuzuhören. Es empfiehlt sich also, die Geschichte zumindest ein wenig auszuschmücken, wenn man nicht wieder in die Schublade »Tölpel« gesteckt werden oder, schlimmer noch, als »Exhibitionist« gelten will. Und wenn wir auch noch diesen kleinen Rat geben dürften: Schlagen Sie zwei Fliegen mit einer Klappe und sprechen Sie von dem französischen Philosophen Jacques Derrida.

Zitieren Sie zuerst die Worte desselben: »Die

Dekonstruktion ist stets die Befragung der Ursprünge, der Grundlagen und der Grenzen unseres begrifflichen, theoretischen und normativen Apparates«, eine Frage, die sich, und darin wird Ihnen jeder zustimmen, genauso auf die Metaphysik anwenden lässt wie auch auf Ihre Renovierungsarbeiten. Erläutern Sie dann, dass Derrida sehr wohl darauf hingewiesen hat, dass jeder, der einen Satz mit »Die Dekonstruktion ist ...« beginnt, ganz schön danebenliegt. Ein genialer Schachzug – dadurch dekonstruieren Sie nämlich von vornherein die Anwandlungen irgendwelcher Schlaumeier, die versucht sein sollten, die Sache zu definieren. Außerdem handelt es sich dabei um eine weitaus demokratischere Version jener Warnung, die Pythagoras jeder seiner Reden vorangestellt hat: »Nein, bei der Luft, die ich atme, nein, bei dem Wasser, das ich trinke, niemals werde ich mir Tadel gefallen lassen über diese Darlegung.«

All dies soll verhindern, dass Sie erst einmal herumstammeln: Derrida behandelt die ganze Welt als »Text« und ein Ereignis (etwa den 11. September) oder eine alltägliche Erfahrung (meine Katze und ich, meine Renovierung) wie einen Text, wie ein Bedeutungssystem. Es soll auch verhindern, dass Sie fortfahren: Die Dekonstruktion zielt darauf ab, die verborgenen Widersprüche im Text zu enthüllen und die binären Gegensatzpaare (gut/schlecht, männlich/weiblich, Kultur/Natur, Erinnerung/Vergessen) zu widerlegen sowie die Hierarchien, die sie implizieren, zu verschieben. So können Sie etwa Batman dekonstruieren, indem Sie ihn dem kriminellen Joker gegenüberstellen und anmerken, dass ein Kerl, der sich nachts in einem Gummianzug herumtreibt und düsteren Erinnerungen nachhängt, als Held weniger cool rüberkommt als der clowneske und asexuelle Psychopath, der seinen Erzfeind spielt. Auf einer mehr politischen Ebene können Sie (auf Englisch, *of course*) die berühmte Dekonstruktion von Ex-Präsident Bill Clinton vor der Grand Jury zur Lewinsky-Affäre anführen: »Ist die Aussage: ›*There is no sex of any kind*‹, korrekt?« Antwort: »›*It depends on what the meaning of the word* is *is.*‹« Besser hätte man es nicht sagen können. Springen Sie jetzt ins Wasser.

1) Fassen Sie die Lage zusammen: Eine alte Wohnung, die von Grund auf renoviert werden muss, plus ein Architekt, der parallel eine »Großbaustelle« betreut und Sie spüren lässt, dass er Ihnen einen großen Gefallen tut, wenn er sich um Ihr Wolkenkuckucksheim kümmert (allerdings möchte er auch pünktlich bezahlt werden, und zwar in harter Münze) – wahlweise ist er depressiv oder lebt gerade in Scheidung –, plus eine erhebliche Verzögerung der Renovierung plus verschiedenste Baumängel plus eine kolossale Überziehung Ihres Kredites, das kommt Sie zwar teurer, wirkt aber schicker.

2) Machen Sie sich die binäre Opposition zunutze, ein Verfahren der strukturalen Linguistik, um komplexe Vorgänge auf schlichte Gegensätzlichkeiten herunterzukürzen: Sie haben sich bitterlich bei Ihrem Architekten beklagt, dass er viel zu selten zugegen sei. Der Architekt schwört, das Gegenteil sei der Fall: »Ich war erst gestern hier.« Zufällig haben Sie gestern den ganzen Tag damit zugebracht, auf Ihrer Baustelle die Arbeit der Heizungsinstallateure zu koordinieren, die Sie nur spöttisch belächelten, und haben den Architekten nicht gesehen. Zu Ihrem Pech befanden Sie sich in dem klassischen Gegensatz Präsenz/Absenz, wie ihn Derrida am Beispiel der Untoten veranschaulicht: Er dekonstruiert tatsächlich dieses berühmte, desexualisierte Wesen ohne Entscheidungsgewalt, das weder tot noch lebendig, weder männlich noch weiblich, weder gut noch schlecht ist. Ihr Zombie-Architekt ist weder da noch ist er nicht da, er ist weder anwesend noch abwesend.

Haben Sie ihn auch mit beißender Ironie und Haifischlächeln darauf hingewiesen, dass die Renovierung seit drei Monaten abgeschlossen sein müsste, wenn Sie sich recht erinnern? In diesem Fall bleiben Sie in der traditionellen Unterscheidung Vorher/Nachher gefangen. Der Beweis: Scheinheilig hält der Architekt Ihnen entgegen, dass Sie wohl die vielen Unwägbarkeiten auf einer Baustelle vergessen, die von Natur aus im Terminplan nicht vorhersehbar sind.

Haben Sie sich dann, als Sie mit den Nerven am Ende waren, beschwert, dass die Arbeiten, die gemacht wurden, weder gemacht sind noch gemacht werden? Nun, dann können Sie sich freuen, denn mit einer solchen Formulierung sind Sie auf dem besten Weg zur dekonstruktivistischen Erlösung.

Und als Sie schließlich feststellen mussten, dass die Endabrechnung doppelt so hoch war wie veranschlagt, haben Sie zudem intuitiv begriffen, was Derrida mit der »Logik des Supplements« gemeint hat.

Willkommen in der Welt der Dekonstruktion!

IHR AUS DEM WESTEN!

Nehmen Sie niemals das Wort »Philosophie« in den Mund – überlassen Sie dieses undankbare Thema einem anderen Gast, der die goldene Regel für Abendgesellschaften vergessen hat: Alle Äußerungen sollen den Zuhörern Gutes tun, nicht dem Redner. Vermeiden Sie zum Beispiel Aussagen wie »meine Philosophie« oder »meine Lebensphilosophie«. Überlassen Sie es unbelehrbaren Geschäftsleuten, über die Philosophie von Airbus oder der Siemens-Gruppe zu sprechen.

Das Wort Philosophie ist ein steigender Wert, und Sie haben zweifellos noch oft Gelegenheit, davon zu profitieren. Wer jedoch einen Neohippie im Umfeld hat, wird es in der ekelhaftesten Rezeptur ertragen müssen, nämlich an New-Age-Soße.

Da ist auch schon Martine, eine Vertreterin echter Werte, Verfechterin des fairen Handels und Anhängerin des Ethno-Looks. Gerade kommt sie aus den Cevennen von dem Seminar »Die Entdeckung des *Ramayana*«, gehalten von Satya (vormals Léon, »zurück aus dem Himalaja«). Mit sanfter Stimme und einem Lächeln wie Buddha, der die höchste Stufe der Erleuchtung erreicht hat, verzapft sie irgendeinen Unsinn und sieht in allem Philosophie. Außer im Westen.

Im Übrigen scheint sie ganz besonders Sie auf dem Kieker zu haben, nachdem Sie zugaben, dass Sie versuchen, wenn auch sicherlich mit großer Mühe, Descartes' *Abhandlung über die Methode des richtigen Vernunftgebrauchs und der wissenschaftlichen Wahrheitsforschung* zu lesen, das seit Ihrem Examen in einem Umzugskarton geschlummert hat.

Für Martine ist der Geist der Weisheit ein Wind aus dem Osten, der die dekadenten westlichen Breiten geflissentlich meidet. Haben Sie denn nicht gewusst, dass »Cartesianer« ein Schimpfwort ist? Hören Sie, was Martine dazu zu sagen hat, und lassen Sie sich überzeugen: »Ihr aus dem Westen, die ihr über Nacht Meister und Beherrscher der Natur geworden seid, ihr könnt immer nur dominieren – euch selbst, vor allem aber andere Menschen und unsere Erde. Wir im Osten respektieren den Lauf der Dinge. Unsere Philosophie lässt der Wirklichkeit Raum, anstatt sie in reduktiven Theorien und trockenen Methoden zu ersticken. Aber gibt es die ›Wirklichkeit‹ überhaupt? Wie mein Meister sagt, ist die Wirklichkeit *maya* – eine Illusion. Es gibt nur den großen Kreislauf des Lebens und dessen Verklärungen. In der klassischen indischen Philosophie geht es ausschließlich darum.«

Erwidern Sie nicht: »Weißt du, was der korrumpierte Westen dir sagt?« Denn das würde Martine in ihrer Meinung über das martialische Wesen des Westens nur bestätigen. Sie haben nun die Wahl zwischen einer eher heuchlerischen pseudobuddhistischen Zustimmung und einer leisen Provokation nach dem Motto: »Es gibt überhaupt keine indische Philosophie. Natürlich gibt es Religionen, Weisheiten, Aphorismen, und es gibt die indische Medizin, aber keine Philosophie im eigentlichen Sinn. Wenn du von indischer Philosophie sprichst, verwestlichst du diese Kultur« – genau das Gegenteil dessen, was Martine will, und das sagen Sie ihr auch in aller Freundlichkeit. Zum Schluss überhäufen Sie sie noch mit Komplimenten über ihren wunderschönen Pashmina-Schal. Fragen Sie nicht nach dem Preis, aber lesen Sie ruhig die Marke vor, laut: *Valentino*.

Einer aus dem Westen muss eben immer herhalten.

ICH BIN HYPERMODERN

Mit ein wenig gestresster und vielbeschäftigter Miene legt er das neueste Modell eines BlackBerry neben seinen Teller. Er spielt ein, zwei Mal mit krauser Stirn daran herum, dann beteiligt er sich zerstreut an der Unterhaltung, wirft aber ständig nervöse Blicke auf seinen Fetisch. Endlich läutet es, ein heiterer, beharrlicher, aber diskreter Klingelton ertönt, den er offenbar sorgfältig ausgesucht hat (nein, nicht *Carmen*).

»Entschuldigen Sie mich einen Augenblick.« »Sorry, aber das ist wichtig.« »Ich hasse das, aber es ist wirklich …« Wirklich was? Man wird es nie erfahren, und der Abend schleppt sich so dahin, unterbrochen von Mister Wichtigs Kommen und Gehen zwischen Balkon und Tisch. Man kann weder in Ruhe essen noch einen Satz zu Ende sprechen. Ihm jedoch ist das so wenig peinlich wie einer Kuh, die in Benares mitten auf der Straße steht, und er scheint mit Leuten zu sprechen, die sehr viel lustiger sind als die Gäste bei Tisch. Bislang hat es keiner gewagt, sich dazu zu äußern, doch Sie merken, dass der Respekt vor seiner Eigenschaft als Promi (oder Abgeordnetenkandidat oder Leistungssportler) doch deutlich nachlässt.

»Sie sind wirklich hypermodern«, sagen Sie zu ihm, als er nun wiederkommt. Er legt seinen Rappelkasten auf den Tisch und blickt Sie verwirrt an, mit großen und rührend leeren Augen, die nun plötzlich wirklich so aussehen wie die Augen einer Benareser Kuh. Das absolute Nichts. Er ist »abgestürzt«, er kann nicht einschätzen, ob Sie sich über ihn lustig machen. Nun, Sie haben ja auch ziemlich dick aufgetragen. Schließlich weiß keiner so recht, was denn postmodern sei, von hypermodern ganz zu schweigen.

Egal. Sie fahren fort: »Sie sind der typische Mann von morgen, der Prototyp der anthropologischen Mutation, die der Westen gerade durchläuft. So nennt man das jedenfalls in Anthropologenkreisen. Manche sprechen lieber von ›Nachmoderne‹, aber es geht um dieselbe Sache. Nicht die ›Supermoderne‹ – die Hypermoderne löst die alte Postmoderne ab, die schon zu lange Mode war und sich mittlerweile abgenutzt hat. Die Postmoderne hatte die Moderne eingeholt, sie glaubte nicht mehr an die ›großen Botschaften‹ der Veränderung der Welt, an Neuerung, an Fortschritt und an das Morgen, das uns erwartet. Sie beschränkte sich darauf, mit Bezugspunkten und Mythen zu spielen, sich aus überkommenen Banden zu lösen und voll auf den Individualismus zu setzen. Die Hypermoderne hingegen ist da ganz anders. Sie holt die Moderne nicht ein, sie übersteigert sie. Der hypermoderne Mensch lebt im Zuviel, immer in der Übertreibung: überhöhter Konsum, überhöhter Genuss, überhöhte Aktivität, auch zu viel Stress und Überbeanspruchungen verschiedenster Art. Auf Höhepunkte voller Aktionismus können Phasen depressiver Leere folgen. Der hypermoderne Mensch ist immer in Hektik, immer hyperzerrissen zwischen den vielen Anforderungen, die an ihn gestellt werden, er ist geschmeidig und flexibel und frei von jeder symbolischen Zugehörigkeit zu irgendeiner Gruppierung, er ›denkt mit dem Körper‹, wertet seine Emotionen auf, strebt ausschließlich nach Intensität, er leugnet seine Endlichkeit und Sterblichkeit, vor allem aber kommuniziert er ständig und immer und geht darin auf sehr spezielle Weise auf. Rund um die Uhr steht er mit Seinesgleichen und seinen bevorzugten Welten in Kontakt, er ist ein Informations- und Kommunikationsjunkie und ist vollkommen unfähig, allein zu sein, doch dabei vereinsamt er immer mehr, er erfährt die Wirklichkeit am Ende nur noch gefiltert durch sein Telefon und seinen Computer. Und wenn das so weitergeht, sind wir mit dem Abendessen nicht vor morgen früh fertig.«

Er ist blass geworden. Aber sein BlackBerry klingelt wieder. Er widersteht, tut so, als würde er es nicht hören, doch dann wird er vor Ihren Augen schwach: Er geht ran und flüchtet sich auf den Balkon.

HAUPTGERICHT

WENN PARADIGMATIKER CAMPEN GEHEN

Bekanntlich ist das Hauptgericht der kritische Moment einer Abendgesellschaft. Bis dahin waren die Redebeiträge ein wenig unzusammenhängend, nun aber beginnen sie von selbst, im Takt großer Atlantikbrecher zu wogen. Ein jeder ergreift das Wort, der Ton wird eindringlicher, und langsam, aber sicher folgen feierliche Sätze von gezügelter Kraft aufeinander, die deutlich machen soll – für den Fall, dass man es noch nicht gemerkt hat –, dass dem ausgesprochenen Gedanken reifliche Überlegung zugrunde liegt.

Ein idealer Rhythmus, um eine dieser Floskeln loszuwerden, deren zweite, aber maßgebliche Funktion es ist, die anderen in Ruhe kauen zu lassen. »Ist der faire Handel denn wirklich fair?« Darauf haben Sie gewartet. Was jetzt kommt, ist genauso unabwendbar wie die jährliche Wanderung der Serengeti-Gnus: Das schöne Wort »Paradigmenwechsel« ist endlich gefallen. Wer heutzutage ohne großen Aufwand eine Verbindung zwischen der Cafeteria (»Ginette, machst du uns bitte zwei Tassen fairen Öko-Kaffee?«) und der zapatistischen nationalen Befreiungsfront herstellen will, weiß, dass der kürzeste Weg über den Einsatz dieser Vokabel führt, die so hübsch und so antik ist und außerdem so unerträglich schwungvoll wie ein junger Wirtschaftsanwalt. Was könnte einen erfrischenderen Effekt haben, als angesichts des großen Meers der Erkenntnis sein Paradigma anzubringen, und sei es auch nur während des Wolfbarschs in Salzkruste?

Unter Umständen läuft man Gefahr, mit einem Flegel am Tisch zu sitzen, der laut ausspricht, was sich alle im Stillen fragen: »Was soll denn das eigentlich sein, ein Paradigmenwechsel?« Natürlich hat er recht, der Flegel, und er verhindert, dass die Anwesenden begeistert nicken, obwohl sie keine Ahnung haben, nicht den leisesten Schimmer, wovon hier eigentlich die Rede ist. Aber immerhin ... Wer noch nie Momente solch großer Trägheit erlebt hat, in denen man seinen Blick auf einem äußerst schwerverständlichen Wort ruhen lässt wie ein Limousin-Rind den seinen auf dem TGV, lasse den ersten Fladen fallen.

Aber Sie sind entschlossen, Licht ins Dunkel zu bringen, und zwar ein für alle Mal. Sie haben, je nach Laune, mehrere Möglichkeiten:

Sie können den kleinen Alleswisser spielen: »Etymologisch leitet sich das Wort Paradigma vom griechischen *parádeigma* ab; wörtlich bedeutet es ›das, was sich neben einer Sache zeigt‹, im übertragenen Sinn steht es für ›Beispiel‹, ›Exempel‹,

›Muster‹. ›Rosa, rosae‹ ist ein grammatisches Paradigma, weil es zeigt, wie sich alle weiblichen Nomina der ersten Deklination im Lateinischen verhalten.« Kunstpause. Applaus von dem Gast, der keinen Fisch mag.

Zweite Möglichkeit: Sie gehen in die Offensive. Sie verweisen darauf, dass das Wort »Paradigma«, das zweieinhalb Jahrtausende lang glücklich und im Verborgenen existierte, dank Thomas Samuel Kuhns *Die Struktur wissenschaftlicher Revolutionen* plötzlich in aller Munde war, nachdem dieses Buch 1962 mit weltweit über einer Million verkaufter Exemplare zu einem absoluten Bestseller unter den wissenschaftlichen Büchern wurde.

Im Wesentlichen erläutert der Wissenschaftstheoretiker Kuhn darin, dass ein Paradigma etwas bezeichnet, das alle Angehörigen einer definierten akademischen Gemeinschaft während eines bestimmten Zeitraums akzeptieren – Methoden, Theorien, Fakten und, um die Reihe zu komplettieren, all das, was sie für wissenschaftlich interessant oder nicht interessant halten. Kuhn behauptet, die Wissenschaft charakterisiere sich durch eine Aufeinanderfolge von Episoden der »normalen Wissenschaft«, unterbrochen von »Revolutionen«.

Ist das ein Umsturz? Nein, viel besser, das ist ein Paradigmenwechsel! So wurde zum Beispiel durch Kopernikus die Erde aus der Mitte der Welt in den Randbezirk des Sonnensystems versetzt. Für Kuhn sind zwei Paradigmata, zwischen denen eine Revolution stattgefunden hat, inkommensurabel, also nicht mit gleichem Maße messbar. Daraus folgt, dass Wissenschaft keine Anhäufung von Erkenntnissen ist, die der Wahrheit jeweils immer ein Stückchen näher kommen, sondern eine gesellschaftliche Konstruktion: Verschiedene Paradigmen schaffen unterschiedliche Tatsachen, »die Realtität« gibt es also nicht. Daraus ergibt sich die Streitfrage: Wenn das so ist, worin unterscheidet sich die Wissenschaft dann vom Stammtischgespräch, vom Mythos oder von der Belletristik?

Wenn alles gut läuft, lacht der Soziologe am Tischende laut auf und fängt von dem Physiker, der bis dahin genauso ruhig und schweigsam war, eine Ohrfeige.

Dritte Möglichkeit: Konstruieren Sie vor versammelter Runde ein Paradigma. Versuchen Sie es doch mal mit den *Flots bleus*, den »Blauen Fluten«. Berühmt geworden durch den tollen Song von Laurent Voulzy (*Rockollection*, 1977) und den französischen Film *Camping* (2006), ist *Flots bleus* der beliebteste Campingplatz in Südfrankreich und Frankreich überhaupt. Als solches bezeichnet der Name *Flots bleus* inzwischen keinen bestimmten Ort mehr (wie zum Beispiel Saint-Malo oder Royan), sondern ist zum Ausdruck für ein Ferienverhalten geworden, das aus Frankreich ein Land von zehn Millionen Campern macht. Meer, Sonne und Flora sind Zutaten einer idealen Natur, in der man sich vorübergehend zu seinem Stamm gesellt. Der Beweis: Na, Zelte sind indianisch. Wie, was – mein Beispiel hinkt?! Auf dem Campingplatz der Wissenschaftstheorie (ein Stern im philosophischen Campingführer), findet man das, was man mitbringt. Nur der Wind ist frei Haus.

ALLES IST METAPHYSISCH

Vorsicht! Noch vor einigen Jahren stand die Metaphysik nicht gerade hoch im Kurs. Hätte ein Philosophieprofessor dieses Wort ausgesprochen – er hätte bestimmt keine Frau gefunden. Von der Metaphysik sprach man nur, um ihres Todes zu gedenken, begraben unter der Erde, die Nietzsche und Heidegger über ihr aufgehäuft hatten. Lange Rede, kurzer Sinn: Es war angesagt und hip, das Ende der Metaphysik zu verkünden.

Heute kann man nicht mehr punkten, wenn man ihren Leichnam durch den Schmutz zieht. Die Metaphysik hat lediglich geschlummert und ist mit aller Macht wiedererwacht. Wer den Schuss nicht gehört hat, wird die Zauberformel sprechen und sich darauf verlassen, dass sich der Erfolg, der vierzig Jahre lang anhielt, weiterhin einstellt: »Die Metaphysik ist tot«, werfen Sie in die Runde. – »Was? Ich wusste gar nicht, dass sie krank war«, entgegnet die unverwüstliche Stimmungskanone, der tolle Hecht, außerdem ein Cousin und unzertrennlicher Sandkastenfreund der Gastgeberin. Doch abgesehen von so einem Geistesblitz ist die einzige Antwort höfliche Ungläubigkeit. Es sei denn, ein streitlustiger Gast erwidert großsprecherisch:

»Alles ist metaphysisch, angefangen von Ihrer Art, das Glas zu halten, bis hin zur Farbe Ihres Hemds.«

Sie, der Sie hinsichtlich der neuesten philosophischen Strömungen nicht so ganz auf dem Laufenden sind, hatten sich bislang in einer Metaphysik à la Woody Allen geübt: »Ich bin von der New York University geflogen, weil ich beim Metaphysik-Examen gespickt habe; ich habe von der Seele meines Nebensitzers abgeschrieben.« Unter den Begriff »Metaphysik« fassen Sie die großen Fragen (das Universum, Gott, Mann und Frau, Gut und Böse), die Sie nicht unbedingt mit anderen teilen wollen, umso weniger, als Sie vielleicht Schwierigkeiten haben, sie klar zu formulieren.

Doch Hilfe naht. Ein anderer Gast scheint über mehr Wissen als Sie zu verfügen, und er kann es auch noch verständlich vermitteln. Zu Ihrer Rettung beginnt er mit einem kleinen Abendkursus:

Die Metaphysik ist mit dem Namen Aristoteles verbunden, sie will erforschen, was jenseits *(metá)* der Natur *(phýsis)* liegt, und will die grundlegenden Prinzipien und Ursachen des Seins aufklären – das Transzendentale, die Natur und das Denken. Es handelt sich um *die* philosophische Disziplin schlechthin, die die rationale griechische Ideenwelt in den Orient und in den Okzident getragen und mit Descartes und Leibniz auch die neuzeitliche Philosophie bestimmt hat. Und entgegen allem, was die Mörder der Metaphysik einem weismachen wollen – sie hat nie aufgehört zu existieren. Weitergelebt hat sie im 19. Jahrhundert in Deutschland und in Österreich, dann ist sie nach Großbritannien und in die Vereinigten Staaten ausgewandert, wo sie bis heute leibt und lebt. Zwar hat man in Kontinentaleuropa das angelsächsische Denken jahrzehntelang wunderbar ignoriert, doch die Amerikanisierung geht nicht einmal an der Philosophie spurlos vorüber. *»Metaphysics is back«*, sagt Ihr Metaphysiker in genüsslichem Ton.

Stundenlang denken sie über die Aussage nach: »Wenn dieser Satz wahr ist, dann gibt es den Weihnachtsmann.« Diese bescheidenen, genügsamen Menschen sind beileibe keine Partyhengste und ziehen einer Abendgesellschaft grundsätzlich eine Partie Rollenspiel à la *Dungeons & Dragons* vor. Vor allen Dingen verabscheuen sie den Obskurantismus der Antimetaphysiker, allen voran eines Heidegger und Derrida, denn sie finden ihn eitel. Für moderne Metaphysiker sind die großen Themen noch immer: die Struktur der Realität (besteht sie aus Individuen oder Gruppen?) und die Frage nach dem Möglichen (gibt es andere mögliche Welten?).

So hat David Lewis, amerikanischer Philosoph des 20. Jahrhunderts, ohne Hemmungen die alte These von Leibniz über die Unendlichkeit der Anzahl von Welten wiederaufgegriffen und behauptet, alle möglichen Welten seien gleich (im Gegensatz zu Leibniz, der dafürhielt, dass unsere die beste aller möglichen Welten sei). Also gibt es eine existierende mögliche Welt, in der die Kontinentalphilosophie unter Kerkerstrafe steht und unter der Hand praktiziert werden muss, und es gibt eine andere Welt, in der jeder *Dungeons & Dragons* spielen muss. Doch diese Welten sind weit entfernt von der unseren, sagt Lewis.

Zum Glück ist die Metaphysik nicht tot. Denn wer außer ihr könnte uns die Wirklichkeit so schmackhaft machen?

WO IST DAS *GIRL NEXT DOOR*?

Das *girl next door* ist eine leicht verständliche Theorie, wenn man die Sprache von *Prison Break* und *Desperate Housewives* versteht und überdies eine eingehende Kenntnis der TV-Kultur sowie der amerikanischen Kultur der Dreißigerjahre besitzt. Es geht hier um ein Schönheitsideal: eine natürliche und meist hübsche junge Frau, buchstäblich »das Mädchen von nebenan«. Keine so auffallende und atemberaubende Schönheit wie Ava Gardner, sie hat nichts Exotisches, weder innerlich noch äußerlich. Unkompliziertes Auftreten, augenfällige Reize, gepflegte Erscheinung. Eben eine Durchschnittsfrau, aber eine von der besseren Sorte.

Das ist in groben Zügen die soziokulturelle Komponente. Bei der Vorspeise schadet ein wenig Soziologie nicht, aber beim Hauptgericht sollten Sie den rein philosophischen Aspekt des erwähnten *girl* herausarbeiten. »Interessant ist«, sagen Sie nachdrücklich zwischen zwei Bissen, »nicht das *girl next door* an sich, sondern vielmehr, warum dieses Bild in unserer Zeit so gut greift und warum es ein solches Mädchen in Wirklichkeit so selten gibt.« Damit gehen Sie kein großes Wagnis ein, denn die Wahrscheinlichkeit, dass Sie neben einer Doppelgängerin von Audrey Tautou oder Jennifer Aniston sitzen, ist relativ gering.

Das »Mädchen von nebenan« verkörpert die Phantasie vom idealen Mittelmaß. Zu einer Zeit, da die Sehnsucht nach dem Ideal umgekehrt proportional zu unserer materialistischen Unersättlichkeit ist, träumt jeder von einem sinnreichen Leben, das Spuren hinterlässt, einem Leben, in dem man nebenbei womöglich auch noch Berühmtheit erlangt und deren zwangsläufige Folgen wie Reichtum und angeberischen Konsum aller Art genießen kann.

Das Problem ist nur, dass besagtes Ideal nicht in Reichweite des modernen westlichen Durchschnittsmenschen ist, eines basisdemokratischen Homunkulus, der versucht, seine Sinnsuche mit dem Wunsch in Einklang zu bringen, alles zu bekommen, und zwar sofort. Daher entwickelt er die Phantasie, das Mittelmaß könne einen Spagat zu wahrer Größe machen: Ein vordergründig durchschnittliches Mädchen steigt in den Starhimmel auf.

Der belgische Mathematiker und Astronom Adolphe Quételet (1796–1884) bewies anhand von Statistiken, dass es denn Durchschnittsmenschen nicht gibt. In seinem Werk *Über den Menschen und die Entwicklung seiner Fähigkeiten oder Versuch einer Physik der Gesellschaft* erläutert Quételet: Wenn die durchschnittliche Größe schottischer Soldaten siebzig Zoll beträgt, entspricht das keinem einzigen konkreten Fall; dennoch ist »der mittlere Mensch« fast realer als reale Menschen. Doch nicht nur Extreme wie Monster und Diven sind selten – auch das Mittelmaß findet sich kaum.

Nun soll einer noch dieses ausgeprägte Bedürfnis nach Einzigartigkeit verstehen! Wenn das *girl next door* genauso phantastisch ist wie Rita Hayworth, warum träumt man dann nicht gleich von Letzterer, die doch eindeutig glamouröser ist? Weil das »Durchschnittsmädchen« die wahre Muse des zu Ende gehenden demokratischen Zeitalters ist.

Man wird sich überschlagen, um Ihnen zu sagen: Tocqueville hat wieder einmal recht. Der Demokrat hasst nichts mehr als große Ungleichheit. In seiner Manie, alles zu nivellieren, was ihn zu übertreffen droht, schafft er sich ein Ideal nach seinen Maßen, weder erhaben noch übermenschlich, aber nah und inexistent zugleich: Mittelmaß, ganz groß geschrieben.

Jeder hat die Träume, die er verdient.

MAN MUSS CARL SCHMITT WIEDERLESEN

Im Rollenspiel einer gelungenen Abendgesellschaft gibt es immer einen bösen Buben. Sehr erstaunlich ist, dass Ihr Lieblingshassobjekt, der blasierte Möchtegern-Intellektuelle, bei den anderen keineswegs so unbeliebt ist: Der Schnellste und Widerwärtigste macht das Rennen. Wenn Sie über Ihren nächsten Urlaub sprechen, wird er gelangweilt verkünden, dass er nach Nordkorea reist, einem der letzten Orte, wo man nicht Gefahr läuft, an jeder Straßenecke ausgeraubt zu werden oder in eine Schwulenparade zu geraten. Sprechen Sie über Politik, wird er sich mit aller Macht gegen die Unabhängigkeit des Kosovo aussprechen und aus dem Stegreif posthum eine Lobrede auf Milosevic halten. Während die anderen Gäste schicksalsergeben darauf warten, dass er irgendwann so richtig ins Schleudern gerät, wirft er noch mit gespielter Lässigkeit hin: »Man muss Carl Schmitt wiederlesen«, als hätte er die Erwartungen der Anwesenden vorausgesehen.

Also das ist ja wirklich die Höhe! Halten wir uns nun aber nicht bei jenen auf, die noch nie von Carl Schmitt gehört haben – praktisch der ganze

Tisch –, und wenden wir uns diesem verächtlichen Einwurf zu. Zuerst ist da ein »Muss« und zweitens ein »Wiederlesen«. Dieser Schurke! Nicht nur, dass er Sie beleidigt, indem er durchklingen lässt, dass Sie Schmitt schon einmal gelesen haben, sondern er folgert auch noch, dass Sie nicht den Mumm haben, Einwände zu erheben: Das Schlimme an Autoritätsargumenten ist, dass sie fast immer funktionieren. Das ist die schwarze Magie des *name dropping*.

In seinem provokatorischen Rausch kostet unser Antiheld – ganz in Schwarz gekleidet, was sonst? – seinen leichten Sieg aus. »Carl Schmitt, Politologe und ›Kronjurist des Dritten Reichs‹, war ein Nazi, er war antiliberal und offen antisemitisch. Er wurde zwar bei den Nürnberger Prozessen verhört, zur Anklage kam es jedoch nicht. Bis zu seinem Tod 1985 hat er allerdings kein einziges Wort des Bedauerns für seine Verstrickungen mit dem nationalsozialistischen Regime gefunden. Er hatte sogar die Stirn, ein kleines Traktat über den Partisanen zu verfassen, der als patriotischer Selbstverteidiger das letzte wirklich politische Wesen der Gegenwart ist und seine Apotheose in der schollenverbundenen Kulturrevolution Maos fand. Schmitt war ein großer Rebell« – heißt zwischen den Zeilen: »Wie ich.«

Lassen Sie dieses Ungeheuer aber erst einmal seine Apologie des Rechtsanarchismus beenden und setzen Sie eine dezent unschuldige, höchstens noch treuherzige Miene auf – dies ist die andere Schlüsselrolle bei einer Abendgesellschaft, die Sie aber nicht überstrapazieren dürfen. Fragen Sie ihn dann, ob über diesen Schmitt neulich nicht etwa ein recht lobender Beitrag im Kulturmagazin gesendet wurde. »Scheinbar wird er von Akademikern und sogar von Linksdenkern ernsthaft studiert.«

Da wird der böse Bube blass!

Denn besagter Schmitt hatte die demütigende Niederlage Deutschlands 1918 einfach nicht ertragen und daraus eine philosophische Theorie entwickelt, die jedoch nichts Ketzerisches hat; er stellte sich nur vehement gegen eine rein moralische oder juristische Sicht der Politik. Am Ende des Ersten Weltkriegs war Deutschland vom Status eines besiegten in den eines schuldigen Landes geraten, aus dem politischen Gegner war ein »böser« Feind geworden. So eine Übersetzung von Politik in Recht oder Moral ist gefährlich. Sie grenzt aus, verurteilt, verdammt und schürt am Ende lediglich den Revanchismus, wie es im Deutschland der Zwischenkriegsjahre der Fall war.

Carl Schmitt sagt nun einfach: Wenn das Recht auf Begriffen wie Gerechtigkeit und Ungerechtigkeit, die Moral auf der Vorstellung von Gut und Böse und die Ästhetik auf einem Bild von Schönheit und Hässlichkeit basiert, dann hat auch die

Politik ihre eigenen Leitbegriffe, und die sind Freund und Feind. Politik ist Konflikt oder Abkommen, Kampf oder Bündnis zwischen politischen Gruppen, aber sie darf nicht ausschließlich durch das Prisma von Recht und Moral gesehen und beurteilt werden. Will man der Politik ihr eigenes Wesen verleihen, muss man Hoffnung auf Versöhnung und auf Wiederherstellung einer Beziehung lassen.

Stellt man juristische, moralische oder, schlimmer noch, religiöse Aspekte eines Konflikts in den Vordergrund, riskiert man, ihn zu verschärfen und sein zerstörerisches Potenzial zu vergrößern. In unserer Zeit, in der die Unterschiede zwischen Moral, Recht, Wirtschaft, Religion und Politik generell verschwimmen und die Kulturen aufeinanderprallen, muss man der reinen Politik – dem Kräfteverhältnis, das um Klärung bemüht ist – wieder ihren Platz einräumen.

»Mit dem Freund muss man keinen Frieden schließen, sondern mit dem Feind«, sagen Sie zum Schluss. Nachdem Sie den mysteriösen Schönling nun entlarvt haben, reichen Sie ihm, Ihrem Gegner, zum Zeichen der Versöhnung die Hand.

Schließlich war er ja gar nicht so böse. Aber er muss eben einfach Carl Schmitt wiederlesen.

SALAT

WIR MÜSSEN UNSEREN GARTEN BESTELLEN

Es wäre doch wirklich gelacht, wenn am Tisch nicht mehrere Gärtner säßen, auch wenn sie erst angehende solche sind. Streuen Sie ein paar mondän-botanische Saatkörnchen aus und Sie werden sehen: Die Unterhaltung sprießt auf dem chlorophyllgrünen Hang, der die Arbeitswoche säumt. Bald müsste auch der kleine, mittlerweile vollreife Satz fallen: »Wir müssen unseren Garten bestellen.« Streifen Sie mental Ihre englischgrünen Handschuhe über und machen Sie sich bereit.

Was war Voltaire doch für ein Visionär, als er 1776 seinem Helden *Candide* diese Worte in den Mund legte! Ja, heute befolgen unsere Zeitgenossen Voltaires Anweisung aufs Wort und sind mit Leib und Seele bei der Sache: Sie bestellen ihren Garten, mit den Händen in der Erde, den Stiefeln im Schlamm, mit gedrosselter Geisteskraft und allen fünf blühenden Sinnen. Nie wurde eine philosophische Sentenz so buchstabengetreu befolgt. In Europa keimte das 21. Jahrhundert in einer Verherrlichung der Kleingärtnerei auf. Man bestellt seinen Garten – ohne sich darum zu kümmern, was Voltaire eigentlich gemeint haben könnte.

Steigen Sie nun nicht in eine Exegese dieses Voltaireschen Romanschlusses ein. Die einen interpretieren ihn als eine Philosophie der Hoffnung oder: wie der Mensch in Anbetracht all der Ungerechtigkeiten und Grausamkeiten in der Welt seine Lebensbedingungen durch Arbeit verbessern kann – »die Arbeit hält drei große Übel von uns fern: die Langeweile, das Laster und die Not«. Andere sehen darin eher eine Botschaft der Resignation über die Welt, gerichtet an jene, die diese Welt verstehen und verändern wollen und klagenswerterweise scheitern. Wieder andere behaupten, der Schluss von *Candide* vermittle nicht die Botschaft des Autors, sondern die des Helden, über den sich Voltaire lustig macht, denn er stellt ihn als großen, hirnlosen Tollpatsch dar, der eben auch auf seine Weise an der Ungerechtigkeit der Welt und am Leiden der Menschheit teilhat. Nein, darum geht es hier nicht.

Sofern Sie nicht schon dabei sind, vermeiden Sie jede billige ironische Anspielung auf samstägliche Rasenmäherkonzerte und die heutige Gartenkultur, die eher auf Balkonen, Teakholzterrassen, in Hinterhöfen oder Vorgärten von Einfamilienhäusern betrieben wird. Geben Sie keine abgründige Reflexionen über die Stadtbewohner von sich, die in Beton ersticken, sich sehnlichst etwas Grün wünschen und aus dieser Not heraus, auf der verzweifelten Suche nach unauffindbarer Naturschönheit erstaunlich findig sind und jeden verbliebenen Winkel bepflanzen. Ergehen Sie sich nicht in Tiraden über den Individualismus, den Rückzug ins Private und die Lust am Blumenpflanzen aus Angst vor der Klimaerwärmung. Auch wenn es wahr ist – die Anwesenden hätten größtenteils den vagen Eindruck eines »déjà entendu«, es sei denn, sie wären längere Zeit bei den Amish untergetaucht gewesen und nun erst wieder in die Zivilisation zurückgekehrt.

Vor allen Dingen sollten Sie sich einfühlsam zeigen. Die meisten Hobbygärtner bestellen ihren Garten, weil es ihnen Freude macht. Der Stolz dessen – und das ist ja wohl auch das Mindeste –, der etwas Grünes schafft, lässt niemals nach. »Jeder ist ein Künstler«, das hört man oft, aber in einem Garten klingt das stimmiger. Einen philosophischeren Ort gibt es schließlich nicht. Sie haben die freie Auswahl – die Geschichte ist voll von Gärten. Über Epikurs Kepos können Sie sagen, dass er im Gegensatz zu Platons Akademie allen offen stand, Männern und Frauen, und dass dort Seelenfrieden und Freundschaft gelehrt wurden. Sie können auch den Zen-Garten nehmen oder den Garten Eden oder Jesus, nach seiner Auferstehung, im Gärtnergewand.

Sprechen Sie über den Garten wie über einen Raum, in dem andere Regeln gelten als in der normalen Welt. Ein Ort auf halbem Weg zwischen

Natur und Kultur, eine »veredelte« Natur, »viel schöner noch als der Hain, in dem nur Eichen wachsen«, wie es Emilia in Boccaccios *Dekameron* ausdrückt. Ein Sowohl-als-auch, wo sich Privates und Öffentliches vermischen. Ein Mikrokosmos, in dem instabile, manchmal auch verbotene Situationen entstehen können, günstig für Liebende und Intriganten, ein Ort, wo Gefahren auftauchen oder Geheimnisse offenbart werden können. Erzählen Sie, wie sich der junge Masetto, auch er im *Dekameron*, als angeblich stummer und dummer Gärtner in einem Kloster anstellen lässt und der Natur wieder zu ihrem Recht verhilft; alles erblüht: die Nonnen, die Äbtissin, die Blumen, und die Raupen verpuppen sich zu Schmetterlingen …

Vergessen Sie so zweifelhafte Wendungen wie »verbrannte Erde«, oder die snobistische Erwähnung von Zitaten aus Dialogen zwischen »meinem Gärtner und meinem Jagdaufseher«. Schließen Sie mit der Metapher von Montaigne: »Meinetwegen mag man sich immer bemühen, und die Lebenspflichten so weit treiben, als man kann. Der Tod mag mich immer über dem Kohlpflanzen finden: wenn ich mich nur nicht über demselben, und noch viel weniger über meinem noch unvollkommenen Garten gräme.«

SIND SIE CO_2-NEUTRAL (MADEMOISELLE)?

Was läge näher, als das Umweltbewusstsein Ihrer Tischgenossen zu testen? »Sind Sie CO_2-neutral, Mademoiselle (es ginge auch mit ›junger Mann‹)?«, fragen Sie unumwunden die Frau, die neben Ihnen sitzt und bei der Ihr scharfes Auge bereits bemerkt hat, dass sie keinen Ehering trägt. Ein hervorragender Einstieg ins Thema, mit dem Sie auf gewisse Weise das Eis brechen und eine Metapher nutzen, die die nächsten dreißig Jahre vielleicht nicht überleben wird.

Um allerdings jedes Missverständnis zu vermeiden (»Was? Was hat der Herr zu dir gesagt, Jeannine? CO_2-was?«), sollten Sie gleich nachschicken, dass die Lexikografen des *New Oxford American Dictionary* den Begriff *»carbon neutral«* zum Wort des Jahres 2006 kürten. Ihre Gesprächspartnerin wird natürlich höflich fragen, wie Sie diese – ausgesprochen heikle – Frage denn meinten. Darauf haben Sie nur gewartet. Doch aufgepasst! Es gibt zwar nur wenige Themen von so allgemeinem Interesse wie den Schutz unseres Planeten, aber ebenso wenige Themen könnten Sie auch so sehr ins Straucheln bringen.

Zu Anfang sollten Sie sich keinesfalls über die chemischen Eigenschaften von Kohlenstoff auslassen. Dieses Element ist so faszinierend wie gesellig: Das vierwertige Atom kann durch solide und gleichzeitig geschmeidige Verbindungen alles aufbauen, was zum Leben notwendig ist, es kann komplexe Ketten bilden und andere Elemente binden, speziell Wasserstoff; dabei zeigt es einen Einfallsreichtum, der den Verfasser des Kamasutra alt aussehen lässt. Doch für eine gediegene Konversation ist dies ungeeignet und führt nur aufs Abstellgleis – bestenfalls markiert einer den Autonarr und rühmt in einer Öko-Runde seinen bärenstarken Jeep, schlimmstenfalls stellt man ein verkrampftes Lächeln fest, begleitet von einer Erstarrung des Blicks, der einem zweifelsfrei anzeigt, dass beim Gegenüber der Akku zur Neige geht.

Überhaupt ging es bei der Eingangsfrage ja nicht so sehr um das Element Kohlenstoff als vielmehr um Kohlendioxid, besagtes CO_2, das Gas, das den Treibhauseffekt bewirkt. Damit sind Sie im Herzen des Themas angelangt, und Ihr Herz schwillt vor Freude wie das eines Missionars im 19. Jahrhundert, der seinen ersten Papuaner bekehrt hat.

»Unsere Erde wird zu einem riesigen Treibhaus, alles ist eine Frage des Maßes: Ein wenig CO_2 hält die Atmosphäre bei einer gemäßigten Temperatur von durchschnittlich 15 °C stabil. Fehlt CO_2, wird die Wärme ins All abgeleitet und die Temperatur sinkt auf −18 °C, bei einem CO_2-Überschuss hingegen würden die Ozeane anfangen zu brodeln. Die Tendenz«, sagen Sie immer oberlehrerhafter, »geht in Richtung Überschuss. Daher sind so pfiffige Leute wie die von der Firma Future Forests darauf gekommen, ihren Kunden vorzuschlagen, ›CO_2-neutral‹ zu werden, das heißt im Austausch für den von ihnen direkt und unnötig verursachten CO_2-Ausstoß Bäume zu pflanzen. Verständlicherweise hatten sie mit dieser gewagten Idee Erfolg, denn es hat ja etwas Paradiesisches. Das Problem mit dieser Bauminitiative ist nur, dass sie wissenschaftlich nicht ganz haltbar ist. Das Kohlendioxid, das in Bäumen gespeichert wird, ist instabil, und man kann nicht voraussagen, wann eine Biomasse, die eigentlich Kohlendioxid aufnehmen sollte, es wieder freisetzt, zum Beispiel durch Verrottung. Auf politischer Ebene gibt es eine endlose Reihe von Ungewissheiten, hauptsächlich geht es aber um eine ausgeglichene Bilanz von Emission und Kompensation, die ja aber nur ein Freibrief für die CO_2-Produktion ist.«

Sie sind zufrieden mit Ihrer Darlegung und interpretieren die bebenden Nasenflügel Ihrer Gesprächspartnerin als außerordentliches Interesse. Trunken vom Erfolg, fahren Sie fort und erwähnen, dass sich die berüchtigten Renaissancepäpste Alexander VI., Julius II. und vor allem Leo X. um 1500 mit dem Ablasshandel ein willkommenes

Manna verschafften: Kirchenschändung – 9 Golddukaten. Mord – 8 Golddukaten (entspricht in heutiger Währung 35 Bäumen). Und hatte man eine Sünde geplant, konnte man sich schon im Voraus die Absolution erteilen lassen. Amen.

Sie schließen mit einem Paukenschlag: Sie verkünden, dass Sie Ihr Auto abgeschafft haben, weil Ihnen die Verringerung des Verbrauchs fossiler Brennstoffe die sicherste Methode des Klimaschutzes zu sein scheint. Doch während Sie in den Augen Ihrer Gesprächspartnerin noch die Bewunderung suchen, die Sie sich Ihrer Meinung nach verdient haben, fragt so ein Wichtigtuer vom anderen Ende des Tischs das Objekt Ihrer Begierde scheinheilig, ob sie denn immer noch als Postdoktorandin im Labor des Klimaforschungszentrums von Harvard arbeite.

Tja, Sie hätten eben einfach nicht den Schlaumeier spielen sollen. Ganz persönlich hätten wir Ihnen geraten, sich auf das spannende Gebiet der Metaphern zu beschränken, die seit einigen Jahren immerhin den Frühling der gesprochenen Sprache ausmachen. Die semantische »Vergrünung«, wahlweise auch »Viridifizierung« genannt (von lat. *viridis* = »grün«), soll den Alten Kontinent erobern und sich in kleine, knospentreibende Hightech-Metaphern übersetzen lassen – Klimaerwärmung verpflichtet.

Sie hätten über den Unterschied zwischen neuen

und alten Metaphern nachdenken können, deren Sinn sich sozusagen von selbst und mühelos ergab. Ein kleines, grünes Männchen? – Marsbewohner oder Schiffspassagier in schwerer See. Ein grüner Riese? – Rhabarber. Los, ihr Grünen? – Anfeuerungsruf der volksnahen Zirkuspartei beim Wagenrennen im Hippodrom von Konstantinopel oder aber in der Fankurve eines Fußballstadions. Leider haben die Vergrünungsmetaphern die alten, glücklichen Gestade verlassen und an Expertengebieten angelegt. Und sie klingen – wie sollen wir sagen? – etwas hölzern: ökologischer Fußabdruck, grüne Technologie, Kohlendioxidsenke …

Doch was Sie betrifft, alt oder neu, Sie sind bedient! Tja, der Versuch, das Eis zu brechen, kann einen eben auch mal ganz direkt aufs Glatteis führen.

Wenn es dem Esel zu wohl wird …

ACH, DER ANDERE!

Sogar Philosophen machen es sich manchmal leicht. Wenn sie sich total vergaloppiert haben und nicht mehr wissen, wie sie wieder die Oberhand bekommen und sich erneut Gehör verschaffen können, setzen sie ihre kleinen Zauberformeln ein. Die hippste ist zurzeit etwas so Simples wie »Guten Tag« oder »Danke«: Es ist »der Andere«. Unser Philosoph, der sich am Anfang des Abends bescheiden als Phänomenologe vorgestellt hat, wird die Formel nur sehr vorsichtig anwenden. Außerdem ist der Phänomenologe von Natur aus ein umsichtiger Mensch, einer, der weiß, dass man auf der Straßenkarte auch Wälder, Seen und Flüsse finden kann, kurz, er achtet auf die Straße und verlässt sich nicht nur auf sein GPS.

Darum weiß er auch, dass man »der *Andere*« nicht mit zu viel Nachdruck artikulieren sollte; legt man nämlich zu viel Betonung auf das A, klingt das Wort lächerlich. Allerdings wird er es auch nicht so nachlässig aussprechen wie manche anderen – die »der Andere« sagen, wie sie auch »die Leute«, »die anderen«, »das Volk«, »Mitbürger« oder »Mitmenschen« sagen. Schließlich erklimmt er nun den steilen Hang der Ethik und begibt sich nicht, die Wandelhalle gesellschaftlicher Seichtheit. Also wird er die Zauberformel weder mit Inbrunst noch betont lässig sprechen.

Mit Bedacht wartet er den richtigen Moment ab. Zu früh am Abend hätte man ihn für einen übereifrigen Marktschreier gehalten, und zu spät, wenn jeder nur noch an sich selbst denkt, würde ihm keiner mehr zuhören. »Der Andere« verträgt sich wunderbar mit dem Salat – wenn man sich schon den Bauch vollgeschlagen hat und Lust auf ein paar Häppchen Transzendenz hat. So kann er zum Beispiel sagen: »Man muss das Anderssein des Anderen respektieren« (zum Beispiel bei einer Diskussion über Menschen mit Migrationshintergrund). Oder: »Am schönsten ist es, andere zu treffen« (etwa wenn es um Urlaub in Thailand geht). »Man muss sich von der Diktatur des Selbst befreien und endlich an andere denken« (beim Thema Geopolitik). Oder auch: »Die Andersheit des Anderen kann man nie zur Gänze erforschen« (in Bezug auf eine außereheliche Affäre).

Doch unser Held hat Pech und trifft auf eine harte Nuss, auf einen Banausen, der gegen transzendentale Phänomenologie völlig resistent ist; er schert sich keinen Deut um die respektable Andersheit des Anderen und ruft mit einer wegwerfenden Handbewegung: »Ach, der andere! Ist doch eins wie's andere!«

Der Phänomenologe lässt sich nicht beirren, er hebt zum Dialog an (der in der Philosophensprache Monolog bedeutet): »Was ist der Andere? Nichts, denn er ist kein Ding.« Aha. »Selbstverständlich kann man den anderen Menschen verdinglichen, mein anderes Ich, das *alter ego*, und daraus ein reines Objekt machen, ein Objekt der Lust oder des Hasses. Es ist so einfach, dem Anderen eine soziale Rolle zuzuschreiben. Aber Sie reduzieren damit ein menschliches Subjekt auf etwas Bekanntes. Der Andere jedoch ist irreduzibel und absolut anders, also entzieht er sich mir aus Prinzip.«

Wenn der Rohling nicht antwortet, heißt das, er ist verunsichert. Dann kann der Phänomenologe den Namen des großen Denkers über die Bedeutung des Anderen aussprechen, ohne fürchten zu müssen, damit allgemeine Heiterkeit auszulösen: Lévinas, mit Vornamen Emmanuel, Philosoph des 20. Jahrhunderts, geboren in Litauen und 1930 in Frankreich eingebürgert. »Für Lévinas«, fährt unser Altruist fort, »ist die Ethik nicht eine philosophische Disziplin unter anderen, sondern das Hauptgebiet. Warum? Weil sich die Ethik nicht aus der abstrakten Überlegung über das menschliche Handeln herleitet, sondern aus der sinnlich wahrnehmbaren Erfahrung des Anderen. Und wer ist der Andere? Es ist jemand, der alle meine Eigenschaften hat, ein anderes Ich mit eigenen Wahrnehmungen, eigenen Gefühlen, eigenen Gedanken. Als einfachste Erfahrung ist der Andere mein Gegenüber. Wenn man beschreibt, was sich dabei abspielt, kann man wahre ethische Schätze entdecken. Lévinas spricht hier vom ›Antlitz des Anderen‹. Dieses Gesicht ist kein Ding, das es zu analysieren gilt, sondern es ist der Andere, dem es zu begegnen gilt und der in seinem Wesen und seiner Würde uneinholbar ist, wie er sagt. ›Das Antlitz ist das, was man nicht töten kann oder dessen *Sinn* zumindest darin besteht, zu sagen: ‚Du darfst nicht töten'‹, schreibt Lévinas.«

Wenn der Banause von vorhin nach dieser schönen Suada nicht öffentlich Abbitte leistet, weil er die Schönheit des Anderen immer noch nicht erfasst hat, kann sich unser Philosoph damit trösten, dass er sich sagt: Die Anderen sind doch wahrlich immer die Gleichen.

IST DAS POPPER-PRINZIP EIN APHRODISIAKUM?

Im Prinzip ja, aber wir wollen nicht vorgreifen. Die Relevanz dieser Frage wird zwei Gruppen von Menschen keinesfalls entgehen: Auf der einen Seite denen, die den Wissenschaftstheoretiker Karl Popper (1902–1994) und sein Prinzip kennen; sie werden die Gelegenheit nicht versäumen, eine fast sichere Lücke zu füllen, denn der aphrodisische Gesichtspunkt, sofern er erwiesen ist, ist nun mal einer der bestverborgenen Aspekte besagten Prinzips. Und auf der anderen Seite jenen, die sich, sobald sich die Chance auftut, all der verschiedenen Rezepte, Requisiten und Hilfsmittel bedienen, die das Balzverhalten erleichtern und vor allem Pfauen ein tolles Rad schlagen lässt.

Selbstverständlich darf man so ein Thema nicht leichtfertig behandeln. Man muss die Gültigkeit der Behauptung wissenschaftlich beweisen, am besten mit einer sicherlich blöd klingenden, aber nützlichen Frage im Vorfeld: Was unterscheidet die Jagd auf Elementarteilchen von der Muschelfischerei?

Sofort springt einem die Schönheit der Sache ins Auge: Das Popper-Prinzip, abgekürzt PP, wird uns dabei beste Dienste leisten. Um es ganz klar zu sagen – es geht dabei um ein »Abgrenzungskriterium«: Das PP versucht, eine Grenze zwischen Astronomie und Astrologie, zwischen Arithmetik und Numerologie zu ziehen, allgemeiner gesagt, zwischen Wissenschaft und Scheinwissenschaft. Dieses Anliegen ist keineswegs banal, betrachtet man die Beliebtheit des Aufdrucks »wissenschaftlich erwiesen«, wenn es darum geht, eine Antifaltencreme, ein Gerät zum Aufspüren von Ölvorkommen oder eine politische Debatte zur nachhaltigen Entwicklung zu verkaufen.

Wer einen Wissenschaftler in der Runde hat, wird versucht sein, ihn frei von der Leber weg zu bitten, seine Vorgehensweise zu definieren. Übrigens eine tolle Idee, aber leider – wenn sie nicht gleich zum Scheitern verurteilt ist, so trägt sie zumindest nicht zur Klärung der Frage bei. Denn je nachdem, ob Sie einen Physiker, einen Archäologen, einen Biologen oder Ökonomen fragen – seine Vorgehensweise ist jeweils eine andere. Hinzu kommt, dass den meisten Wissenschaftlern das Popper-Prinzip so egal ist wie ihre erste unbedeutende Beweisführung. Der Wissenschaftler hat im Allgemeinen und im Besonderen bei einem Essen mit Freunden nicht die geringste Lust, auf die unterschiedlichsten Themen, angefangen bei irgendwelchen Statistiken über die Verteilung von Termiten im nördlichen Loire-Tal bis hin zur Traumdeutung (»Wie erklärst denn du dir das?«), angesprochen zu werden: »Du bist doch Wissenschaftler …« Er würde viel lieber über seine Leidenschaft für die elisabethanische Dichtung oder über den Kengai-Stil im Bonsai-Schnitt sprechen, aber tja … irgendjemand, oft sogar ein guter Freund (man weiß ja, dass gute Freunde die besten Verräter abgeben), quatscht ihn von der Seite an und fordert ihn auf, »die wissenschaftliche Methode« zu definieren.

Also unternimmt er es tapfer, irgendein Genuschel von sich zu geben, eine dicke Suppe, auf der ein paar akustisch verständliche Wortbrocken schwimmen: »Hypothese«, »Modell«, »Vorhersagbarkeit«, »Versuchsreihe«, »Beobachtung«, »Verifizierung«. Peter Medawar, Nobelpreisträger für Medizin 1960, schrieb: »Fragt man einen Wissenschaftler nach seiner Methode, setzt er eine feierliche, gleichzeitig aber auch verlegene Miene auf. Feierlich, weil er sich verpflichtet fühlt, sich dazu zu äußern, verlegen, weil er sich fragt, wie er am besten verhehlen kann, dass ihm dazu eigentlich gar nichts einfällt.«

Dennoch kommt es vor, dass die Antwort klar und deutlich ist oder zumindest keine Einwände nach sich zieht. In diesem Fall besteht sie aus nur einem Wort: »Falsifizierbarkeit«, auf gut Deutsch »Widerlegbarkeit«.

Damit sind wir wieder bei dem Wiener Karl Popper. Ah, diese einzigartige Atmosphäre im Wien der Dreißigerjahre! Dekadenz, Walzer, Sachertorte, der »Wiener Kreis«, ein Zirkel von Philosophen und Wissenschaftstheoretikern, und Poppers berühmtes Prinzip: »Ein Satz (oder eine Theorie) ist dann, und nur dann empirisch wissenschaftlich, wenn er falsifizierbar ist.«

Diese Idee kam ihm, nachdem er 1921 einen Vortrag Albert Einsteins zur allgemeinen Relativitätstheorie gehört hatte, die während der Sonnenfinsternis 1919 empirisch bewiesen worden war. Popper war überzeugt, dass Einsteins Theorie äußerst gewagt war, denn allein die gegenteilige Beobachtung hätte genügt, um sie zu vernichten. Und das, sagte er, unterscheidet sie von Pseudowissenschaften wie der Psychoanalyse oder dem Marxismus.

»Eindrucksvoll«, fand Popper »das Risiko, das mit einer Vorhersage dieser Art verbunden ist. Denn sollte die Beobachtung zeigen, dass der vorhergesagte Effekt überhaupt nicht vorhanden ist, dann ist die Theorie einfach widerlegt.« So entwickelte der Erkenntnistheoretiker in den darauf folgenden Jahren sein Prinzip; »Vermutungen und Widerlegungen« sind die beiden Brüste, die die Wissenschaft nähren.

Um an diesen Punkt zu gelangen, musste Popper erst einmal die alte Methode der »Induktion«, den Induktionsschluss, widerlegen. Was macht so ein »Induktionist« (und Induktionisten sind so ziemlich alle Leute)? Er führt eine Beobachtung durch, stellt eine Hypothese auf, verifiziert sie und hat dann eine Theorie, das war's. Zum Beispiel: »Ich habe neulich beobachtet, wie Herr X (der hässlich ist wie die Nacht) Frau Y (schön wie der Tag) das Popper-Prinzip erklärt hat. Dann sind die beiden händchenhaltend abgezogen. Daraus kann ich schlussfolgern, dass das Popper-Prinzip ein Aphrodisiakum ist; eine andere haltbare Hypothese sehe ich nicht.«

Popper fand diese Methode echt schlecht: Wenn die Sache einmal funktioniert hat und sich vielleicht aus Gründen, die gar nichts mit dem PP zu tun haben, wiederholen lässt, heißt das noch lange nicht, dass es immer klappt; das wäre zu einfach, das ist kein gutes Kriterium, meinte Popper. Der Erfolg eines Versuchs impliziert nicht die Verifizierung einer Hypothese, aber umgekehrt zieht ein missglückter Versuch eine Falsifikation nach sich.

Noch einmal in aller Deutlichkeit: Wenn Sie bei einem Fest (weniger bei einem Rave, denn dort sind die Popperianer meist zahlreich vertreten) einen Korb bekommen, nachdem Sie das PP erklärt haben, ist Ihre Vermutung ungültig und die Theorie widerlegt, doch sie ist wissenschaftlich; das nur zum Trost. Bekommen Sie jedoch keinen Korb, heißt das noch gar nichts – aber rufen Sie uns an!

Das ist eine Frage des Prinzips.

WER DIE ORDNUNG LIEBT, VERSTÖSST GERN DAGEGEN

Zigarettenpause. Aufgepasst: Sie könnten auf dem Balkon mit einem philosophierenden Dandy zusammentreffen. Düsterer Blick, raue Stimme, attraktive Erscheinung – einer, der schon einiges erlebt hat und gern darüber redet. Er legt auch gleich los: »Vor drei Jahren habe ich bei Tisch noch geraucht. Da war ich noch 68er-mäßig drauf *(ironische Betonung)*. Heute bin ich anarcho-reaktionär *(ironische Betonung)*.« Sie merken schnell, dass er nicht den Versuch macht, den Verfolgten des Nichtraucherregimes zu spielen, weil er sich mit den Opfern des Systems tief verbunden fühlt, nein, nein, unser Mann wählt stolz die umgekehrte Taktik: Statt zu lamentieren, spricht er sich entschieden für ein Rauchverbot in öffentlichen Einrichtungen und ganz allgemein für alle Verbote aus.

»Der Apostel Paulus hatte recht in seinem Römerbrief: Nur das Gesetz führt zur Erkenntnis der Sünde – ohne Verbot gibt es auch keinen Verstoß, ohne Tabu keine Versuchung durch die verbotene Frucht. Wenn man mühelos rankommt, ist das Fleisch leider trist. Deshalb finde ich das viktorianische England mit seinen Korsetten und seiner strengen Moral eindeutig erotischer als die öde sexuelle Freiheit, aus der dann auch noch diese unselige Orgasmuspflicht entstanden ist. Ich bin altmodisch, ich finde Verbote klasse. Wie für Georges Bataille, den großen Schriftsteller und Philosophen des 20. Jahrhunderts, gehören auch für mich Geheimnis und Erotik, Religion und verbotene Lust, Tabu und Tabubruch zusammen. Ich bin ein besonderer Anarchist, ich brauche eine Grenze, um mehr Lust zu empfinden, wenn ich sie übertrete. So wie der Marquis de Sade, der zwar einen radikalen Atheismus vertrat, sich aber darin gefiel, aus Lust an der Blasphemie die Existenz Gottes zu postulieren.«

Schlussendlich lässt er sich poetisch über die verbotene Zigarette aus, die man beim Abschied auf dem Bahnsteig mit unendlicher Lust ansteckt. Das ist dann der Moment, sich von ihm zu verabschieden und ernsthaft darüber nachzudenken, mit dem Rauchen aufzuhören.

KÄSE

KENNEN SIE EINEN GUTEN ONTOLOGEN?

Manche Wörter klingen wie das Ministrantenglöckchen beim Abendmahl; die Anwesenden verbeugen sich zwar nur innerlich, aber sehr andächtig, mit Ausnahme dieser Sturköpfe, die einen steifen Nacken haben, eben weil sie sich nie verbeugen. Das Wort »Ontologie« gehört dazu, und man hört es manchmal zum Käse. Dann taucht es wie Raquel Welch in einem sehr schlichten, zerfetzten Mammutfellkleidchen zwischen den Dinosauriern in *Eine Million Jahre vor unserer Zeit* auf, und ein Teil der Gäste stellt sich die Frage, die jedoch aus Taktgefühl unausgesprochen bleibt: Was ist darunter?

Manchmal nicht viel, vielleicht ein wenig Liederlichkeit, die man aber gern verzeiht, umso mehr, als es sich um Raquel handelt. Dennoch: Wenn man nicht weiß, wovon die Rede ist, kann man zumindest versuchen zu verstehen, worüber nicht geredet wird.

Eine interessante Besonderheit des Wortes »Ontologie« besteht darin, dass das abgeleitete Adjektiv so verständlich klingt wie das Substantiv verschwommen. Machen Sie den Test: Wenn Sie sagen: »Mein Kfz-Mechaniker bestiehlt mich; das ist ontologisch«, verstehen die Leute Sie (es geht auch mit dem Klempner oder dem Elektriker). Wenn Sie aber hochtrabend behaupten: »Die Ontologie des Kfz-Mechanikers ist so beschaffen, dass eine seiner Eigenschaften der Diebstahl ist«, ist Ihre Aussage äußerst unklar, wenn auch sehr viel philosophischer.

Ihr Tischnachbar, seinem Wesen nach Philosoph und aus Zufall Heideggerianer, wird womöglich grunzen (ein Kamel blökt, der Storch klappert, und der Philosoph grunzt wie ein Wildschwein; das wäre hiermit gesagt), er wird Ihnen also sagen, dass ein Ontologe üblicherweise die Antwort auf die Frage sucht: »Was ist das?« Nehmen Sie ihn beim Wort und entwickeln Sie zum Beispiel eine Ontologie der Käseplatte, die nahelegt, zu beschreiben, was ihr eigen ist, und dies nicht in soziologischen oder psychologischen Begriffen, sondern indem man über ihr Wesen reflektiert.

So ist das Wesen des Gruyère weder seine Herkunft vom Alpennordrand noch seine Verwendung als Hauptingredienz des Käsefondues, noch der politisch-wirtschaftliche Streit zwischen der Schweiz und Frankreich (1935 postulierte Bernard de Gottrau in seiner Dissertation *Rechtsgrundlagen für Herkunftsangaben und im Besonderen für die geschützte Ursprungsbezeichnung »Gruyère«*: »Die französische These, laut der die Bezeichnung ›Gruyère‹

französischen Ursprungs sei, ist nach Prüfung aller Kriterien unhaltbar.« Das Wesen des Gruyère besteht darin, von innen heraus durch »Nichtung« bedroht zu sein, namentlich durch seine Löcher. Oder wie es ein Liebhaber abgefahrener Syllogismen ausdrückte, indem er aus zwei Prämissen den logischen Schluss zog: »Je mehr Gruyère, desto mehr Löcher – je mehr Löcher, desto weniger Gruyère, folglich: je mehr Gruyère, desto weniger Gruyère.«

Die Seinsart des Vacherin hingegen kann nicht über einen Herkunftsort definiert werden, sondern über seinen Zustand ständiger Verflüssigung, über seine cremige Konsistenz, die es schwierig macht, diesen Käse in Stücke mit definierten Grenzen zu teilen. Für die Mereologie, ein Teilgebiet der Ontologie, das sich mit dem Verhältnis von Teil und Ganzem befasst, ist er also ein heikler Gegenstand. Dennoch ist die Sache recht einfach, weil man auf der Platte – dem wohlbegrenzten Ganzen, umgeben von Holz – einen ganzen Vacherin hat, anders als bei einem Stück Comté, geschnitten aus einem riesigen Laib, der den Tisch unter sich begraben würde und von dem man daher nur Teile von Teilen verzehrt.

Der Camembert wiederum wird außerhalb der Normandie oder jenseits seiner Verbindung zum roten Landwein nicht erkannt, doch seine Camemberthaftigkeit muss aus der Beziehung zwischen seiner Cremigkeit im Inneren und der festen Grenzen seiner Rinde deduziert werden. Nun müssen Sie nur noch die Gesamtheit dieser besonderen Wesenheiten definieren: Bilden sie eine Käseheit oder müssen sie irreduzibel autonom bleiben?

Glückwunsch! Nachdem Sie den antiken und mittelalterlichen Universalienstreit zwischen Realisten und Nominalisten (»Gibt es Allgemeinbegriffe wirklich oder sind sie menschliche Konstruktionen?«) wiederentfacht haben, dürfen Sie nun die Käseplatte herumreichen. Dank Ihrer Bemühungen haben alle begriffen, was eine Ontologie ist. Zumindest fast. Und: Wundern Sie sich nicht, wenn Sie vor dem Ende des Essens ein Gast diskret fragt, ob Sie einen guten Ontologen kennen – in den meisten Fällen ist das heilbar.

IN VINO VERITAS

Nun ist es gesagt. Sie oder ein anderer (seien Sie nett und lassen Sie einem anderen den Vortritt) – es spielt keine große Rolle, wer es von sich gegeben hat, denn sobald es ausgesprochen ist, gehört es allen, es ist ein Gemeinplatz, eine vertraute Boje bei jeder Verbal-Regatta. Interessant ist, dass man bei einem Hochzeitsbankett um diese Boje praktisch nicht herumkommt, während man sich, wie es mittlerweile ja schon Tradition ist, die manchmal äußerst peinlichen Charakterisierungen der Brautleute durch Trauzeugen, Freunde und Verwandte anhören muss. Es sind Fotos zu Hand: »Und das da ist Pierrot mit fünf Jahren; damals haben ihn seine großen Schwestern als Mädchen verkleidet, hahaha.« Ein Bild zeigt garantiert den Angesprochenen mit dem Glas in der Hand in einer lächerlichen, einer zweideutigen, einer erniedrigenden Situation oder in allen dreien zugleich, und alles genauestens untertitelt mit *»in vino veritas«*, der schicken lateinischen Version von: »Alle herschauen: Hier war er mal richtig besoffen.«

Es ist ja auch wahr! Wer an einem Samstagabend durch Soho oder über die Plaza del Dos de Mayo in Madrid schlendert, wird Zeuge dessen, was die

Briten *binge drinking* und die Spanier *botellón* nennen: saufen, bis der Arzt kommt. Alte Suffköpfe und junge Rauschkugeln torkeln übers Trottoir, bis sie schließlich auf einem Streifen Asphalt zusammenbrechen, der zum Glück weich ist vor lauter Erbrochenem. Die Wahrheit, die im Wein liegt, ist nicht zwangsläufig ein hübsches Mädchen, das aus dem Brunnen steigt, sondern sehr viel öfter ein Neandertaler oder seine Frau, die sich rülpsend aus ihrer Höhle quälen.

Dennoch muss man die Anwesenden beileibe nicht belasten, indem man das janusköpfige Gesicht des Weines in allen Einzelheiten schildert. Halten Sie sich lieber an das platonische Gastmahl und äußern Sie sich mit aller Ungezwungenheit, die ein wohlbegründeter Genuss alkoholischer Getränke verleiht. Es sei denn, Sie halten es mit Nietzsche und finden Wein abscheulich (»Bei mir schwebt der Geist über dem Wasser«), aber, na ja … *in aqua veritas* funktioniert eben nicht so gut.

Erzählen Sie, dass die Gäste, allesamt Männer und Edle, bei einem Symposion zu Platons Zeiten im Normalfall so viel trinken sollten, dass sie angeheitert, aber immer noch auf dem Posten waren für Konversation, Dichtung und Gesang, von den verschiedenen sinnlichen Betätigungen im Anschluss gar nicht zu reden. Erklären Sie – für die Liebhaber von Rechenexempeln –, dass die Menge Wein, die ein Gast damals den Abend über zu sich nahm, dem Alkoholgehalt von einem oder anderthalb Litern Bier entsprach, denn der Wein war zur Hälfte oder gar zu zwei Dritteln mit Wasser vermischt. Um die Gäste an die Konsequenzen ihres Tuns zu erinnern, waren die Kelche manchmal innen verziert, gerne mit Kotzszenen, die sich dem Trinkenden auftaten, wenn sich der Kelch leerte (ja, so wie im Chinarestaurant plötzlich ein Pin-up auf dem Boden des Sojakännchens erscheint).

Kommen Sie am Ende auf das Wesen des Gastmahls zu sprechen, als da wären Liebe, Schönheit oder ein verwandtes Thema, das, typisch für die Philosophie, zur Wahrheitsfindung angesprochen wird. Die Liebe zum Wein wird auf diesem Gebiet sicherlich keine Flecken hinterlassen. Machen Sie es aber nicht wie diese Salon-Mundschenke, die einen Heilsgesang auf den exzellenten Tropfen anstimmen, der auf dem Tisch steht oder, schlimmer noch, nicht auf dem Tisch steht. Solche Leute machen einen Bordeaux nieder (»Diese Weine sind auf dem absteigenden Ast«) und loben dafür die unglaublichsten Rachenputzer mit triefenden Lyrismen … Nichts verursacht mehr Schädelbrummen als diese Weinkenner-Pedanterie.

Wenn man schon angeheitert ist, dann ist es besser, »mit den Füßen auszugleiten als mit der Zunge«, wie Zenon von Kition, Begründer der Stoa, gesagt haben soll.

DESSERT

DIE WELT MUSS WIEDER-VERZAUBERT WERDEN

Angespannte Miene, krause Stirn, der Mann mit der Fliege ist schweigsam. Er gibt höchstens ein paar Einsilbigkeiten, Seufzer und Grummeln von sich. Doch sein Gesichtsausdruck möchte – wie soll man sagen? – eine Art Schmerz andeuten. Er hatte sich seit Beginn des Essens zurückgehalten, nun aber hat es sich irgendein Einfaltspinsel einfallen lassen, sich über die Gebrauchsanweisungen der letzten Hightech-Wunder zu beklagen: sechssprachig, kleine Buchstaben, die Erklärungen nur scheinbar klar und Zeichnungen, zu deren Entschlüsselung man einen Altorientalisten bräuchte. Der Pechvogel steigert sich richtig hinein, und, wumms, würgt ihm die Fliege eine rein, indem sie trocken einwirft: »Sie haben recht, man muss die Welt wiederverzaubern«, dann schweigt sie. Die Gäste halten die Luft an und warten auf die Fortsetzung. Doch die kommt nicht.

Mitfühlend merken Sie auf: Der Mann kann ja sprechen!, und beschließen in einem ehrenvollen Geiste der Eintracht, das zu genießen, was zweifelsohne das Sahnestückchen des Abends ist; es schmeckt nach wohlinformiertem und gegenseitigem Einverständnis und erweitert das grundsätzlich verführerische Vokabular der Verzauberung und Entzauberung. Greifen Sie zu, noch ist es frisch, aber das bleibt nicht mehr sehr lange so. Der Philosoph Bernard Stiegler und der Soziologe Michel Maffesoli haben bereits Abhandlungen unter diesem Stichwort veröffentlicht, und der zentrale französische Arbeitgeberverband MEDEF hat zu diesem Thema zur Sommeruni geladen. Man muss sich also beeilen, wenn man noch etwas davon abbekommen will.

Der erste Happen: Die Welt war einst verzaubert. Frühe Kulturen glaubten an die Magie und riefen höhere Mächte an. Die Welt war voller handelnder Kräfte, Götter, Finsternis und geheimnisvoller Schimmer. Priester, Zauberer, Schamanen und andere Hexer spielten Mittler zwischen den Göttern und uns. Eine magische, poetische, mythische Welt – ach, wie romantisch!

»Wollen Sie damit sagen, dass es keine Wunder mehr gibt?«, fragen Sie arglos.

»Es ist weitaus komplizierter«, antwortet der Mann mit der Fliege düster.

Zweiter Happen: Die Welt wurde entzaubert. Der Prozess der Entzauberung – ein Begriff, den Max Weber geprägt und den der französische Philosoph Marcel Gauchet wieder aufgegriffen hat – begann vor langer Zeit, nämlich als die Menschen nicht mehr an die Magie glaubten und sie für Aberglaube hielten. Jüdische Propheten stürzten zuerst die mächtigen Priester und machten sich daran, eine persönliche Beziehung zum Allmächtigen aufzubauen. Somit war die Magie kein Mittel mehr zur Errettung. Im 16. Jahrhundert ließ sich die Bewegung dann unabwendbar mit dem Protestantismus ein, der die überlieferten Sakramente, Erscheinungen, Wunder und religiösen Visionen abgeschafft hat. Nur noch der individuelle und stille Bezug zu Gott zählte, besonders im Calvinismus. Da war kein Priester mehr, der einem die Absolution erteilte, der einem den Ablass und Hoffnung auf Gnade gab. Diese religiöse Haltung setzte sich bei der ganzen Menschheit durch. Max Weber hat gezeigt, dass sie den Geist des Kapitalismus nährte und dem Rationalismus in der modernen Welt Vorschub leistete.

So ist nach Marcel Gauchet die Geschichte der Welt in der Tat eine Geschichte der Entzauberung, des Abschieds von der Magie. Der christliche Glaube diente nur als Ausstiegsluke. Diese weniger sakrale, dafür sanftere und menschlichere Religion hätte ab dem 18. Jahrhundert in eine Moral ohne Gott, in eine neue Religion der Menschenrechte münden können, die der Entwicklung eines demokratischen Ideals gleichgekommen wäre. Alles hängt zusammen: Säkularisierung und demokratisches Denken, kapitalistische Wirtschaft und Rationalisierung der Wirklichkeit. Der Mensch war nun auf sich allein gestellt, er musste sich irgendwie durchschlagen und seine Zukunft ohne Priester, Prinzen und Magier gestalten. Eine schwere Aufgabe.

»Müssen wir demnach wieder religiös werden?«

»Es ist weitaus komplizierter.«

Und der dritte Happen vom Sahnestück: Die Welt muss wiederverzaubert und mit ein wenig Magie überzuckert werden. Der moderne Mensch ist am Ende seiner Unabhängigkeit angekommen. Da er nur noch an seine eigenen Kräfte glaubt, hat er die Erde zerstört und kann Seinesgleichen nicht mehr ausstehen. Er sehnt sich nach einer Religion, die ihm denken und leben hilft. Ob er sich nun dem Buddhismus zuwendet oder der Gartenarbeit, ob er Paolo Coelho liest oder den *Da Vinci Code* – er legt ein Bedürfnis nach Wiederverzauberung an den Tag. Man muss die Welt wiederverzaubern, ohne jedoch Aberglaube und reinen Fanatismus wiederaufkeimen zu lassen.

»Aber was schlagen Sie dann vor? New Age oder (Wieder-)Konversion?«

»Es ist weitaus komplizierter.«

Wie hat Lewis Carroll in seiner Nonsensballade »Die Jagd nach dem Schnatz« gesagt? »Was ich dreimal euch sage, ist wahr.«

ICH VERZICHTE AUF DEN NACHTISCH, ICH BIN EPIKUREER

Ihnen ist sehr wohl aufgefallen, dass Ihr Tischnachbar eine Diät macht, es aber nicht zugibt. Das ist sein gutes Recht. Er ist gezwungen, mit großer Geduld die absonderlichsten Gründe anzugeben, um die beharrlichen Angebote der Gastgeberin auszuschlagen, die kaum davon abzubringen ist, jeden auch nur halb leeren Teller wieder randvoll zu machen.

Nun kommt das Problem mit dem Nachtisch. Nachdem er den Käse wegen seines Cholesterinspiegels, das Fleisch, weil er Shivaist ist, und den Aufschnitt, weil seine Tochter jüdische Wurzeln hat, abgelehnt hatte, muss er nun die Erdbeeren abwehren, die in vollfetter Sahne schwimmen.

Doch er ist belesen und zückt eine Geheimwaffe: »Ich verzichte auf den Nachtisch, ich bin Epikureer. Entgegen allen Übertreibungsversuchen überzeugter Christen ist ein wahrer Epikureer alles andere als ein Lustmensch. Sicherlich ist für Epikur das oberste Kriterium des Guten die Lust. Was guttut, ist auch gut und umgekehrt. Der griechische Philosoph hatte unumwunden gesagt:

›Ursprung und Wurzel alles Guten ist die Lust des Bauches.‹ Befreien wir uns von der Angst vor den Göttern, vor Tod und Schmerz und leben wir glücklich von dem, was uns Lust bereitet.«

Nach dieser Erklärung hellen sich die Mienen auf, und die Gabeln werden geschwungen.

»Das Universum besteht nur aus Leere und Materie«, fährt er fort, »es gibt keinen Gott, der uns belohnt oder bestraft. Der Tod ist nichts. Das Gute kann nur materiell gemessen werden. Genauer gesagt: Ich verzichte auf den Nachtisch, weil alles Materie ist und weil ich meine Lust zu lenken verstehe. Epikur versammelte in seinem Kepos Frauen, Sklavinnen und Hetären und hatte trotzdem nichts mit einem raffgierigen, wollüstigen und gefräßigen Sektenoberhaupt gemein. Seine Wege zum Glück legte er in anderthalb Stunden dar. Doch seine Vorstellung von der Welt verbat ihm exzessive Ausschweifungen. Nur an hohen Festtagen gönnte er sich ein wenig Ziegenkäse und ein Gläschen Wein. Nichts da mit Schäferstündchen, wie sie die Vordenker des neuen Hedonismus propagieren! Mit Genusssucht, wie heute so viele fälschlich annehmen, hat der Epikureismus nicht das Geringste zu tun. Der Epikureer liebt die Lust nämlich so sehr, dass er sie sich keinesfalls verderben will. Er will sie steuern, in Szene setzen, und das ist ganz einfach: Vollendeter Seelenfrieden, die Ataraxie, ist das Fehlen von Sorgen, das einem vollkommenen psychischen Gleichgewicht entspringt. Was ist Hunger? Ein Mangel an Materie im Körper, den man ausgleichen muss. Es ist ein natürliches, lebensnotwendiges Bedürfnis. Doch man darf sich nicht vollfressen, dadurch würde man ein neues Ungleichgewicht schaffen, das Schmerz auslöst. Lust ist reiner Ausgleich, das gilt für alle Bedürfnisse. Nehmen Sie die Libido – nach Epikur besteht sie aus einem Überschuss an Materie. Durch den Liebesakt stellt man das Gleichgewicht wieder her, gegebenenfalls auch durch eine andere Betätigung, die einen Materieverlust mit sich bringt, einen langen Spaziergang etwa oder eine anstrengende Arbeit. Das Epikureertum ist maßvolles Streben nach innerer Stabilität, anders gesagt: nach Glückseligkeit. Der Tor dagegen kann sich in seinen natürlichen Bedürfnissen nicht beschränken und entwickelt sogar neue und so völlig sinnlose Bedürfnisse wie Ehrgeiz, Liebesleidenschaft oder den Erwerb von Reichtümern. Er wird niemals den Zustand der Ataraxie erlangen.«

Beginnen wir mit Epikur also eine neue Schlankheits- und Glückskur.

Solche Paare gibt es: unverheiratet, in gesicherten Verhältnissen lebend, zwei Kinder, seit fast sieben Jahren wohnen sie zusammen. Doch sie fahren total darauf ab, einander tödliche Hiebe zu versetzen. Nichts gefällt ihnen mehr, als in aller Öffentlichkeit grausam gegeneinander zu sticheln und dabei so zu tun, als würden sie sich an die anderen Gäste richten, denen das Ganze immer peinlicher wird.

Er erzählt begeistert von der letzten Ausstellung der dekadenten Symbolisten, sie wirft ein, dass er in genau fünfzehn Minuten hindurchgerannt sei und die ganze Zeit nur gejammert habe, weil er die French Open im Fernsehen verpasst hat. Er entgegnet mit grimmiger Milde, dass sie, als er sie kennengelernt hat, eher zur Dekadenz als zum Symbolismus geneigt hätte. Zum Glück beschließt jemand, das Mobiliar zu retten und das Gespräch auf ein anderes Thema zu bringen, indem er das Zauberwort »Versöhnung« einwirft, ein Wort, das umfassende Liebe und geteiltes Glück, Völkerverständigung und Hausfrieden symbolisiert. Und wenn es einen großen Namen gibt, mit dem man alle zufriedenstellen kann, dann ist er es,

Baruch Spinoza, das neue Idol der Abendgesellschaften.

Der Denker des 17. Jahrhunderts hatte tatsächlich alle Eigenschaften des idealen Schwiegersohns: staatenloser Rebell, Atheist, Migrantenkind, bevor es das Wort »Integration« überhaupt gab, und Demokrat noch vor jeder Demokratie. Er ist der große Verführer unter den Philosophen. »Er entstammte einer jüdischen Familie, die aus Portugal in die Vereinigten Provinzen (wie die Niederlande damals hießen) eingewandert war. Er wurde aus der jüdischen Gemeinde verbannt und aus der Synagoge ausgeschlossen, weil er, um das Mindeste zu sagen, unorthodoxe Meinungen vertrat.«

Es ist fast zu schön: Ein echter Rebell, allein gegen alle. Doch es kommt noch besser: »Ein wahrer Demokrat, der sich gegen jede Art von Despotismus ausgesprochen hat, auch wenn dieser Ordnung und Frieden versprach. Ein erbitterter Feind von Theologien und Aberglauben, die das Volk in dem Glauben halten wollten, ein Orkan sei die Strafe Gottes und nicht eine Folge von naturwissenschaftlich nachweisbaren Ursachen. Ein Philosoph in der Verbannung, der lieber optische Linsen schliff, als an der Universität die offizielle Philosophie zu lehren. Er wurde verfolgt, war gezwungen, sich zu verstecken, seine Bücher standen auf dem Index, doch er war voller Tatendrang, er hatte eine scharfe Zunge und provozierte gern. Verbannt, verdammt und belegt mit allen Flüchen, war er der Schrecken aller Despoten – unser Zeitgenosse. Sein Hauptwerk, das posthum von Freunden herausgegeben wurde, heißt ganz einfach *Ethik*, dabei handelt es sich aber um ein sehr spezielles moralisches Traktat. Als Anhänger des damals wiedererstarkenden rationalistisch-wissenschaftlichen Denkens hat er sein Werk *nach geometrischer Methode dargestellt* untertitelt und es wie eine mathematische Abhandlung verfasst. Es hat eindeutig metaphysische Grundlagen und ist im Grunde genommen eine Lebenslehre.«

Nun bekommt der Vortrag einen persönlicheren Ton: »Gern schlage ich aufs Geratewohl irgendeine Seite auf und meditiere über einen Lehrsatz, der etwa lautet: ›Jede Substanz ist notwendigerweise unendlich.‹ Oder ich lese die Anhänge und Anmerkungen, in denen Spinoza seine Gedanken in Form von Kommentaren konkretisiert. Seine Sicht Gottes ist ganz anders als die der Offenbarungsreligionen, namentlich des Monotheismus. Spinozas Gott ist kein personifizierter, er ist weder Schöpfer noch Herr über das Schicksal der Menschen, er ist zu erhaben, um wie ein Friedensrichter Strafen zu verhängen oder Belohnungen zu gewähren und um festzulegen, was gut sei und böse. Spinoza war außerdem einer der Ersten, die sich an eine kritisch-rationalistische Exegese der Bibel gewagt haben. Daraus ergab sich ein radikal verändertes Menschenbild, nach dem die Seele keine vom Körper getrennte Substanz ist und nicht mehr in den Stand einer spirituell unabhängigen Moralinstanz erhoben werden kann. Körper und Geist sind zwei Seiten desselben Wesens.«

Unser Philosoph rühmt die Modernität dieser Apologie des Körpers und will nun beweisen, dass die spinozistische Ethik nicht prüde ist, und zwar mit einem der trendigsten Zitate seines Lieblingsautors: »›Allerdings, was der Körper vermag, hat bisher noch niemand festgestellt.‹«

Aber bleiben wir bei der Ethik. Nachdem der Spinozist gezeigt hat, dass das Böse keine gültige Kategorie ist und man sich besser dem Guten zuwendet, als sich bei Mängeln und Sünden aufzuhalten – »Weisheit ist nicht ein Nachsinnen über den Tod, sondern ein Nachsinnen über das Leben« –, kommt er endlich zum Punkt. Denn die *Ethik* endet mit der Verteidigung der Freude und Glückseligkeit, den besten Tugenden: Richtiges Verhalten und Tugendhaftigkeit sind für Spinoza keine Normen mehr, die von außen oktroyiert werden, keine Mühsal, durch die man auf ein Heil hoffen kann, das jedoch niemals garantiert ist, sondern es ist die Folge aus einem guten Verhältnis innerhalb des Körper-Seele-Komplexes, einer Einheit, die der Verstand vervollkommnen kann und muss. Nach Spinoza ist man nicht moralisch, wenn man an Gott glaubt, wenn man sich an eine Regel hält oder tut, was alle tun, sondern wenn man LUST dazu hat und weil es einen GLÜCKLICH macht.

Das Paar ist mittlerweile in die Küche gegangen, um sich dort weiter zu zerfleischen. Also war Spinoza doch zu etwas nütze.

MAN KOMMT NICHT ALS FRAU AUF DIE WELT, MAN WIRD ES

Wenn Sie das Tischgespräch zu dröge finden und eher provozierende Themen schätzen, wenn Sie kurz gesagt also die berühmte Zeichnung des Karikaturisten Caran d'Ache über die Dreyfus-Affäre zum Leben erwecken wollen – sie heißt »Sie haben davon gesprochen« und zeigt eine Familie beim Mittagessen, das in eine Schlägerei ausartet, sobald jemand das Thema Dreyfus anschneidet –, dann ist es Zeit, die Geschlechterfrage und die Gültigkeit der traditionellen Unterscheidung zwischen männlich und weiblich anzusprechen. Und ganz sicher gibt es jemanden, der mit ernster Miene Simone (de Beauvoir) zitiert: »Man kommt nicht als Frau auf die Welt, man wird es.«

Heben Sie nicht den Blick zum Himmel, senken Sie ihn aber auch nicht. Sprechen Sie *allegro, ma non troppo* die Verhältnisse 1949 an, als *Das andere Geschlecht* erschien. In Frankreich hatten die Frauen damals erst seit fünf Jahren das Wahlrecht (in Deutschland durften sie immerhin schon seit 1919 zu den Urnen gehen), aber hier wie dort gab es noch keine Pille, keine Tampons, keine Spülmaschinen. Die »gläserne Decke« war zwar noch kein Begriff – die unsichtbare, aber fühlbare Barriere, die die Frauen am Aufstieg ins höhere Management hindert –, doch der Weg, den die Frauenrechtlerinnen Olympe de Gouges und Mary Wollstonecraft Ende des 18. Jahrhunderts vorgezeichnet und den die Suffragetten erst unlängst eröffnet haben, der Weg der Emanzipation der Frau, ist noch lange nicht bis zum Ende gegangen.

»Man kommt nicht als Frau auf die Welt, man wird es. Kein biologisches, psychisches, wirtschaftliches Schicksal bestimmt die Gestalt, die das weibliche Menschenwesen im Schoß der Gesellschaft annimmt. Die Gesamtheit der Zivilisation gestaltet dieses Zwischenprodukt zwischen dem Mann und dem Kastraten, das man als Weib bezeichnet.« Simone de Beauvoir schrieb auch: »In Wirklichkeit ist der Einfluss der Erziehung und der Umgebung hierbei ungeheuer«, und: »Die Frau [hat] auf keinem Gebiet jemals eine wirkliche Chance gehabt.«

Bis dahin keine großen Überraschungen, jedenfalls nicht für die meisten Frauen (und Männer) des 21. Jahrhunderts, doch es wird Zeit, einen Gang höher zu schalten. Mit ihrer, unter dem Turban ziemlich angestaubten, Formel sieht Beauvoir die Frau noch zu sehr als ein unveränderliches Wesen, selbst wenn es dazu gemacht wurde.

Nun können Sie eine Bombe platzen lassen.

Zitieren Sie (sinngemäß) Judith Butler: Die Geschlechtsidentität *(gender)* erzwingt das Geschlecht *(sex)*. Für die amerikanische Literaturwissenschaftlerin existiert »die Frau« nicht, übrigens genauso wenig wie der Feminismus, denn die rein kulturelle Formung der Geschlechtsidentität macht den Feminismus zu etwas genauso Kulturellem und Fiktivem: »Demnach gehört die Geschlechtsidentität nicht zur Kultur wie das Geschlecht zur Natur.«

Natürlich musste man erst die lesbischwulen Ansätze (heute *queer theories* genannt) abwarten, damit man sich so eine radikale Dekonstruktion erlauben konnte. Und wenn Transgender, Transsexuelle, Bisexuelle, Transvestiten und Drag Queens die hierarchische Polarität Mann / Frau fröhlich auf den Kopf stellen, dann helfen sie uns auch aus der vorherrschenden Heteronormativität heraus. Dann sagen sie den Frauen, dass sie zwar sicherlich nicht als Frauen auf die Welt kommen, dass sie es aber auch nicht zwangsläufig werden.

Judith Butler, die Urheberin dieses Gedankens, zitiert in ihrem Buch *Das Unbehagen der Geschlechter* die feministische Theoretikern Monique Wittig: »Für uns gibt es nicht ein oder zwei, sondern viele Geschlechter, so viele Geschlechter wie Individuen.« Das kann man ja sehen, wenn man sich nächtens in den entsprechenden Locations herumtreibt.

Holen Sie Luft. Spüren Sie in Ihrer Umgebung zwei oder vier prüfende Blicke, die ganz offen verraten, dass Sie zumindest einige Gäste dazu gebracht haben, sich zu fragen, welchen Geschlechts Sie denn wohl sind?

Nachdem Sie Zwietracht gesät haben, sollten Sie als würdiger Erbe des christlich-jüdischen Phallozentrismus jetzt vielleicht in die traditionalistische Richtung umschwenken. Denn wenn Sie es nicht tun, gibt es auf jeden Fall einen männlich Dominanten oder eine durch freiwillige Unterwürfigkeit entfremdete Frau, der oder die ganz laut fragt, ob man denn die Natur so sehr verleugnen müsse, oder schreit, es sei keine politische Frage, ob man als Junge oder Mädchen geboren wird, sondern in erster Linie eine Frage der Chromosomenanlage.

Die Sache spitzt sich zu. Sie sollten nun versuchen, einen empirischen Trumpf auszuspielen: Suchen Sie unter den Gästen einen Elternteil von mindestens zwei Kindern unterschiedlichen Geschlechts und fragen Sie ihn nach seiner Meinung. Wahrscheinlich wird er antworten, dass es für ihn, zumindest was seine Sprösslinge angeht, beschlossene Sache sei und sich die Binsenweisheit bewahrheitet habe: Weibliche Babys verhalten sich irgendwann (erstaunlich früh) wie kleine Mädchen und männliche Babys wie kleine Jungs.

Schockierend! Wie sind Sie nur in diese Sackgasse geraten? Dabei hatte doch alles so gut angefangen. Hat Sie womöglich Ihr Verstand verlassen, nachdem Ihr Kopf vom Äthanoldampf aus Ihrem Weinglas ein wenig benebelt ist? Nun müssen Sie sich noch lustvoller ins wilde Leben stürzen – und über Affen sprechen. Die Psychologinnen Gerianne Alexander und Melissa Hines haben Primaten, grünen Meerkatzen, Menschenspielzeug gegeben: »weibliche« Spielsachen (Puppen), »männliche« Spielsachen (Autos) und neutrale Dinge wie Bilderbücher. Die jungen Männchen haben am liebsten mit Autos gespielt und die jungen Weibchen mit Puppen, und beide haben gern Bilderbücher angeschaut …

Wenn man Sie nun wie einen Primaten behandelt, versöhnen Sie alle miteinander und sagen Sie: »Man kommt nicht als Tier auf die Welt, man wird es«, oder: »Alles ist kulturell bedingt.«

Aber irgendwie war Ihre Argumentation ganz schön scheinheilig, was?

KAFFEE UND DIGESTIF

ALLES IST FLEISCHLICH

Wenn man nun wirklich nicht mehr weiß, worüber man reden soll, wenn sich der Abend in die Länge zieht und sich die guten Gesprächsthemen erschöpfen, muss man sich auf Solides besinnen. Und das Fleisch ist unverwüstlich. Seit mindestens sechzig Jahren verfehlt es seine Wirkung als leicht erotisierte Philosophie nicht. Sprechen wir nicht vom Körper – ein abgenutzter Begriff, der viel zu verbreitet und zu einem banalen Gegenstand der Vermarktung geworden ist. »Das Fleisch« jedoch klingt wundersamerweise sehr viel sinnlicher und spiritueller zugleich. Sie haben bereits gemerkt, welch einen Zauber eine so stupide Äußerung wie »fast fleischlich« ausübt... Jenes Buch, jener Film, jenes Musikstück ist »fast fleischlich«, nicht nur platt »spirituell« oder trocken »philosophisch«, nein, ein Hauch von Leben umweht plötzlich die Begierde, die Lust und den Schmerz.

»Alles ist fleischlich«, behauptet der Denkmeister der Abendgesellschaft nun andächtig, »nicht nur unser Körper. Aus dem Lateinischen *caro, carnis* leitet sich Karnat oder Inkarnation ab. Der Leib ist also kein Ding, sondern eine Dimension des Bewusstseins. Der Begriff hat eine ganze Strömung der Phänomenologie fasziniert, in Frankreich besonders Maurice Merleau-Ponty, der, inspiriert von Edmund Husserl, dem Begründer der Phänomenologie, die »Fleisches«mode ausrief. In seinen späten Schriften, namentlich in dem Kultwerk *Das Sichtbare und das Unsichtbare*, lädt er den unerschrockenen Leser zu einer netten autoerotischen Erfahrung ein:

Streicheln Sie mit der linken Hand Ihre rechte; in diesem Moment sind Sie Berührender und Spürender zugleich. In der Tat ist das Ding, das Sie berühren, etwas ganz Spezifisches, denn es ist ein Teil Ihres Körpers, der selbst Dinge berührt. Ihre linke Hand ist nun gleichzeitig ein Instrument zur sinnlichen Wahrnehmung der Welt und ein der Welt zugehöriges Ding.

Konzentrieren Sie sich erst auf das Empfindbare, den Akt des Berührens, dann auf das Empfindende, das Spüren. Was passiert? Auf einmal tauchen Sie ein in eine ursprüngliche, unvermittelte Erfahrung, die der Unterscheidung Subjekt/Objekt, dem fundamentalen philosophischen Dualismus, vorausgeht. Diese Vorgeschichte der Wirklichkeit löst die alten Begrifflichkeiten von Körper und Geist auf. Vor allen Dingen begreifen Sie, dass Ihr Körper das Medium ist, das Sie in Kontakt mit der Welt an sich bringt, und zugleich ein Teil der Welt für sich ist.

Als solcher ist er nicht nur Körper, sondern Fleisch, der Punkt, an dem sich Ihr Leib und die

Welt verflechten, und der Leib, den ich spüre, wird selbst Fleisch. Oder wie Merleau-Ponty es ausdrückt: »Die Dichte des Leibes wetteifert nicht mit der Dichte der Welt, sondern ist im Gegenteil das einzige Mittel, das ich habe, um mitten unter die Dinge zu gelangen, indem ich mich Welt und sie Fleisch werden lasse.«

Mit glasigem Blick streicheln die Anwesenden ihre Hände.

BEGINNT DIE EULE DER MINERVA WIRKLICH ERST MIT DER EINBRECHENDEN DÄMMERUNG IHREN FLUG?

Hegels Satz hat Bestand. Sie können auf ihn zählen. Je mehr das Jahrhundert fortschreitet, desto öfter wird er zitiert. Er klingt wie ein Epitaph, der sich herrlich auf alle Katastrophen anwenden lässt, weil er die unterschiedlichsten Deutungen zulässt. Der Beweis:

Beim Cognac respektive Kräutertee kann das Thema Immobilien das eingeschlafene Gespräch immer wiederentfachen wie ein Grillanzünder die verglimmende Glut. »Was sagst du zu den Preisen an der bretonischen Küste? Und ich rede nicht mal von den Grundstücken direkt am Meer!« Die Konversation wird nun einen gewundenen Weg nehmen, der Bände spricht über das leidenschaftliche ökologische Engagement ihrer Tischnachbarn, und wahrscheinlich bei einem an sich unwesentlichen, für sich jedoch grundlegenden Aspekt der Erderwärmung landen: Soll man die kleine Ferienwohnung in Courchevel verkaufen, bevor es definitiv keinen Schnee mehr gibt? Wenn ja, wo soll man sich dann einkaufen in Anbetracht der Erhöhung des Meeresspiegels? An der irischen Küste? In der patagonischen Pampa?

Auf diesem Niveau des Umweltbewusstseins ist es ganz eindeutig Ihre Pflicht, die Uhren wieder richtig zu stellen. Es ist nämlich genau fünf vor zwölf, im wörtlichen wie auch im übertragenen Sinn. Auf der globalen Uhr steht der Untergang in wenigen Minuten bevor. Ist nun wirklich der richtige Zeitpunkt, um sich mit Immobilien zu beschäftigen? Außerdem haben Sie das alles ja schon lange vorausgesehen und sich ein altes Gehöft (mit eigener Quelle) in den Cevennen gekauft. Ihr Herz bleibt also nur ganz kurz stehen (knapp eine Minute).

Wenden Sie sich an die Anwesenden – aber nicht mit Grabesstimme, Sie dürfen jetzt nicht den elisabethanischen Prediger mimen: »Verlange nie zu wissen, wem die Stunde schlägt; es gilt dir selbst.« Ein bisschen Taktgefühl, bei Gott, und gehen Sie, zum Teufel, pädagogisch vor: »Sind wir dazu verdammt, unsere Fehler erst zu begreifen, wenn es zu spät ist und man sie nicht mehr wiedergutmachen kann? Beginnt die Eule der Minerva wirklich erst mit der einbrechenden Dämmerung ihren Flug?«

Kurzes Schweigen.

Drehen Sie langsam Ihr Glas mit feinem Weinbrand in der Hand, lassen Sie Ihren Blick über die stummen und leicht irritierten Gäste wandern und erklären Sie dann lächelnd: »Jeder Ornithologe kann Ihnen sagen, dass der Steinkauz – *Athene noctua*, zu Ehren von Athene, der Göttin der Weisheit, die bei den Römern Minerva hieß – tagaktiv ist. Den ganzen Tag über hockt er hoch oben auf einem Baum und wacht über sein Mäuserevier wie ein Zuhälter über seine Straße.« Schieben Sie nach: »Das ist die Metapher für die Metapher.« Wahnsinn!

»Als Hegel diesen Satz in der Vorrede zu seinen *Grundlinien der Philosophie des Rechts* schrieb, wollte er darauf hinweisen, dass die geschichtsphilosophische Lektüre grundsätzlich rückschauend ist und dass die Philosophie immer zu spät kommt. Doch er selbst schreibt sich das Gegenteil zu! In einem Brief vom 29. April 1814 an seinen Freund Friedrich Immanuel Niethammer schreibt er über Napoleons Selbstzerstörung: ›Die ganze Umwälzung habe ich übrigens, wie ich mich rühmen will, vorausgesagt.‹ Die Eule der Minerva«, sagen Sie es laut und deutlich, »ist nicht dazu verdammt, nachts aktiv zu werden, wir selbst müssen dafür sorgen, dass sie schon früher fliegt, sagen wir, am späten Nachmittag. Und anstatt uns wegen eines eventuellen Crashs am Immobilienmarkt zu sorgen, sollten wir so weise sein und uns über einen Crash der Natur Gedanken machen.«

Nachdem Sie das Klima am Tisch nun mit der Klimaerwärmung abgekühlt haben, sollten Sie etwas Leichterverdauliches ansprechen. Sagen Sie zum Beispiel, dass Sie als guter Philosoph ein Nachtvogel sind, ein eingefleischter Clubgänger, der in den exklusivsten Lokalen verkehrt – ein recht kauziger Typ eben.

AUF MEINEM NACHTTISCH LIEGT MONTAIGNE

Er spielt gern den Pariser Landmann. Dieser rechtschaffene Bursche, ganz in Cordsamt gekleidet, verabscheut die Spitzfindigkeiten der modernen Philosophie und setzt auf den »Weisen«. Von einem zu weltläufigen Gespräch fühlt er sich überfahren und bringt diesen kurzen, persönlichen und eindeutigen Satz an, ein Glaubensbekenntnis, das niemand höhnisch anzweifeln kann: »Auf meinem Nachttisch liegt Montaigne.« Und man kann ihn sich so richtig vorstellen: Nachdem er sich die Zähne geputzt hat, aber noch nicht schlafen kann, blättert er in den vergilbten Seiten eines uralten, zerlesenen Bandes ohne Umschlag – damit seine Klassiker atmen können, nimmt er immer den Umschlag ab.

Er liest ein paar Sätze aus den *Essais*, etwa: »Wir haben keine Gemeinschaft mit dem wirklichen Seyn, weil die ganze menschliche Natur stäts zwischen der Geburt und dem Tode mitten inne steht«, oder: »Wir gehen nicht, sondern werden fortgerissen, wie schwimmende Körper, bald stille, bald heftig, nachdem das Wasser reissend oder stille ist.« Mit geschlossenen Augen lässt er sich den

Geschmack dieser altertümlichen Sprache auf der Zunge zergehen und meditiert über die menschliche Eitelkeit. Dann schläft er mit einem Lächeln auf den Lippen ein.

Die Pariser Salonlöwen und coolen Trendsetter verachtet er. Er mag das Authentische – Confit von der Ente im Glas, Winzerwein, die die Vorwahl zur Miss France in seinem Département und den Pfingstmontag. Er ist provinziell, ein Bauer und Waldschrat, und das gefällt ihm. Den letzten Sloterdijk oder den neuesten Agamben verschlingt er nicht, er liest für sich selbst, nicht für die anderen. Für ihn ist ein Buch nie zu Ende gelesen, er lebt mit Büchern, zumindest mit guten. Und das beste Buch kommt aus Bordeaux – schön wie alter Wein. Er verkostet es in kleinen Schlucken. Es ist Montaigne, das Buch, das auf seinem Nachttisch liegt.

Er ist gebildet, aber nicht eingebildet; konservativ, aber neugierig; besonnen, jedoch auch ein Freund der leiblichen Genüsse, eine stattliche Erscheinung, tolerant und ein treuer Freund. Und Montaigne ist ganz wie er. Ein natürlicher Mann, der weder seine Fehler noch seine Passionen verschweigt.

Genährt von den Autoren der Antike, sucht Montaigne im 16. Jahrhundert ganz bescheiden die Wahrheit zwischen Epikureismus, Stoizismus und Skeptizismus. Er fürchtet sich nicht vor Widerspruch, denn er kommt kaum voran in seinem Denken. Er versucht, sich selbst zu erkennen. Doch den Essay zieht er dem Lehrbuch vor: »Ich lehre nicht, ich erzähle.« Und was entdeckt er im Laufe seiner Reflexionen und zwischen lateinischen Sentenzen? Die Relativität aller Dinge, die philosophische Illusion der absoluten Erkenntnis.

»Schlagen Sie Ihren Montaigne auf – kurz nach der Reformation und der Entdeckung Amerikas finden Sie die Feststellung über die Relativität der Sitten, die Verzweiflung über den Religionsstreit, den Abscheu vor Ethnozentrismus und Fanatismus. Im philosophischsten Kapitel seines Werks, der berühmten *Schutzschrift für Raimond von Sebonde*, zeigt Montaigne, dass man nichts wirklich erkennen kann und dass man sich nicht einmal den Tieren überlegen fühlen darf. Was ist der Mensch? ›Man muss ihn also bis aufs Hemde ausziehen‹, ihm all seinen Dünkel nehmen. ›Wahrhaftig, der Mensch ist ein wunderbar eiteler, veränderlicher, und unbeständiger Gegenstand, und es hält sehr schwer, ein gewisses und einförmiges Urtheil von demselben zu fällen.‹ Diese Unwissenheit und diese Bescheidenheit sind ironisch und lebendig, respektvoll und heiter, sie machen einen glücklicher als das ruhelose und unbefriedigte Streben nach Erkenntnis.«

Er hat sich profiliert. Nun muss er die anderen nur noch überzeugen. Zum Schluss beweist er, dass

Montaigne viel moderner ist als alle gehypten Autoren von heute. Wie ein DJ mischt er wieder und wieder griechische und lateinische Zitate, die er aus Tausenden Werken seiner Bibliothek gezogen hat. Er fügt sie zu einer gelehrten Collage zusammen, um aus Altem Neues zu machen, um beispielsweise stoische Strenge mit epikureischer Weisheit zu paaren. Doch das ist noch lange nicht alles: Montaigne ist der beste Verfasser von heute so beliebten Sammelsurien mit Hunderten von Statistiken. Montaigne liebte unsinnige Kompilationen, zum Beispiel eine Liste der Todesfälle durch Freude, eine Liste von Anekdoten über die Reitkunst und Ähnliches. Im Frankreich des 16. Jahrhunderts lag das voll im Trend. Außerdem, vor dem Einschlafen, sozusagen als Aperitif vor den Träumen, gibt es nichts Schöneres als die Geschichte von der Missgeburt mit dem gedoppelten Körper oder von dem Elefanten, der in ein Blumenmädchen verliebt ist und diesem Früchte mit dem Rüssel darreicht.

Fragt man den Mann, warum er Montaigne denn so liebe, dann sagt er genau das, was Montaigne auf die Frage sagte, warum er seinen Freund Étienne de La Boétie so liebe: »Weil er es war, weil ich es war.«

Montaigne ist der beste Freund dieses Mannes. Er braucht niemand anderen und das sagt er auch. Und er wird auch nicht mehr eingeladen.

ZÜNDET DAS LICHT WIEDER AN!

Eine schwere Stunde. Der Kaffee ist getrunken, der Cognac geschlürft, und das Gespräch erlischt langsam. Doch der diensthabende Philosoph hat keine Lust, nach Hause zu gehen, und sucht nach einem Vorwand, um noch bleiben zu können. Der Moment ist gekommen, da er den Schlachtruf der gerade gängigen Philosophie anstimmt: »Zündet das Licht wieder an!«

Diejenigen Gäste, die überhaupt noch leben, erwachen, sich schüttelnd, aus ihrem dogmatischen Schlaf und starren ihn perplex an: Gab es denn einen Stromausfall? Diese Ignoranten haben seinen Warnruf nicht verstanden, sie haben auch überhört, dass er das »Licht der Vernunft« meint.

Er ist nicht Diogenes, der am helllichten Tag mit einer Laterne herumlief auf der Suche nach einem »wirklichen Menschen«, er hat auch nicht urplötzlich sein Augenlicht oder den Verstand verloren, im Gegenteil: Die anderen sind verrückt geworden. »Wer?«, fragen Sie ihn mit gespielter Fürsorge. Wer! Die neuen Obskuranten natürlich, die Anti-Aufklärer, die den besten französischen Geist jeden Tag aufs Neue begraben und ständig meinen: »Schuld daran ist nur Voltaire.«

Unser Philosoph erinnert an die berühmte Davoser Disputation von 1929 zwischen den beiden bekanntesten zeitgenössischen deutschen Philosophen: Ernst Cassirer, Anhänger des weltoffenen, großbürgerlichen Geistes des 18. Jahrhunderts, und Martin Heidegger, Apostel einer neuen Fundamentalontologie, die auf der Rückführung allen Seins auf das Dasein und dessen Seinsverständnis basiert, fernab der freudlosen Gefilde der triumphierenden, begründenden westlichen Rationalität.

In ganz Europa hat die Aufklärung das Ideal der kritischen Vernunft gegen religiösen Obskurantismus und unumschränkten Despotismus geboren – ein Erziehungsaufruf mit dem Ziel: »Ausgang des Menschen aus seiner selbst verschuldeten Unmündigkeit«, wie Immanuel Kant es ausdrückte. Wenn sein Publikum vor sich hindöst, schreit unser Philosoph noch einmal den Kantischen Wahlspruch der Aufklärung hinaus: »*Sapere aude!* – Habe Mut, dich deines *eigenen* Verstandes zu bedienen!«

Das Versprechen, man könne durch Intelligenz und Instruktion Freiheit des Geistes erlangen, ist in Gefahr. Die Romantik, die im Nationalbewusstsein und in der Seele des Volkes fest verankert ist, hat dieser Aussicht den ersten Hieb versetzt. Der Irrationalismus der Zwischenkriegszeit hat das Trugbild dunkler Mächte vor das Autonomieideal gestellt, und nun terrorisieren ein paar Fanatiker die unabhängigen Köpfe.

Zu Hilfe, Voltaire! Die Macht des Aberglaubens ist grundsätzlich mehr zu fürchten als die Macht der Vernunft. Die errungene Freiheit des Nicht-Glaubens wird immer von den Kräften des Obskurantismus in Frage gestellt. Die Aufklärung war europäisch. In ihrem Lichte muss man das einzig bedeutende politische Programm des kommenden Jahrhunderts sehen. Man wird es dem Philosophen verzeihen, dass er dem Armagnac zu sehr zugesprochen hat. Die Vernunft macht schneller trunken, als man glaubt. Bitten Sie ihn um ein letztes Voltaire-Zitat.

Und dann ab ins Bett!

BIBLIOGRAFIE

ARON, RAYMOND, *Hauptströmungen des klassischen soziologischen Denkens. Montesquieu, Comte, Marx, Tocqueville*, Reinbek bei Hamburg (Rowohlt) 1979.

ATHENAIOS VON NAUKRATIS, *Das Gelehrtenmahl*, übers. v. Ursula u. Kurt Treu. Leipzig (Dieterich) 1987.

AUBERT, NICOLE (Hg.), *L'Individu hypermoderne*, Ramonville (Ed. Érès) 2004.

AUERBACH, ERICH, Brief vom 3.1.1937 an Walter Benjamin, in: *Zeitschrift für Germanistik* 9. Jg., 5/1988, S. 688–694.

BATAILLE, GEORGES, *Die Erotik*, übers. v. Gerd Bergfleth, München (Matthes & Seitz) 1994.

– *Die Literatur und das Böse*, übers. v. Gerd Bergfleth, München (Matthes & Seitz) 1987.

BAUDRILLARD, JEAN, *Der unmögliche Tausch*, übers. v. Markus Sedlaczek, Berlin (Merve) 2000.

BEAUVOIR, SIMONE DE, *Das andere Geschlecht. Sitte und Sexus der Frau*, übers. v. Eva Rechel-Mertens u. Fritz Montfort, Reinbek bei Hamburg (Rowohlt Taschenbuch Verlag) 1951.

BENJAMIN, WALTER, »Einbahnstraße«, in: *Gesammelte Schriften* Bd. IV,1, Frankfurt am Main (Suhrkamp) 1982.

– »Das Passagen-Werk«, in: Ebd. Bde V,1 und V,2, Frankfurt am Main (Suhrkamp) 1982.

BOCCACCIO, GIOVANNI, *Das Dekameron*, übers. v. Karl Witte, München (Winkler) 1952.

BRUNO, GIORDANO, *Das Aschermittwochsmahl*, übers. v. Ferdinand Fellmann, Frankfurt am Main (Insel) 1969.

BUTLER, JUDITH, *Das Unbehagen der Geschlechter*, übers v. Katerina Menke, Frankfurt am Main (Suhrkamp) 1991.

CAMUS, ALBERT, *Der Fall*, übers. v. Guido Meister, Reinbek bei Hamburg (Rowohlt Taschenbuchverlag) 1972.

CARROLL, LEWIS, *Die Jagd nach dem Schnatz*, übers. v. Oliver Sturm, Stuttgart (Reclam) 1996.

CASSIRER, ERNST, *Die Philosophie der Aufklärung*, Hamburg (Meiner) 1998.

CHAMFORT, NICOLAS, *Maximes et pensées, caractères et anecdotes*, Paris (Garnier-Flammarion) 1968.

CIORAN, E. M., *Syllogismen der Bitterkeit*, Frankfurt am Main (Suhrkamp) 1980.

DAC, PIERRE, *Les pensées*, Paris (Cherche Midi) 1987.

DEBORD, GUY, *Die Gesellschaft des Spektakels*, übers. v. Jean-Jacques Raspaud, Hamburg (Nautilus) 1978.

DELEUZE, GILLES, und GUATTARI, FÉLIX, *Kapitalismus und Schizophrenie*, übers. v. Bernd Schwibs, Frankfurt am Main (Suhrkamp) 1974.

DERRIDA, JACQUES, »Qu'est-ce que la déconstruction«, Interview v. 30. 6. 1992, in: *Le Monde* v. 12. 10. 2004.
– *Grammatologie,* übers. v. Hans-Jörg Rheinberger u. Hanns Zischler, Frankfurt am Main (Suhrkamp) 1983.
– *Die Stimme und das Phänomen. Einführung in das Problem des Zeichens in der Phänomenologie Hus-*

serls, übers. v. Hans-Dieter Gondek, Frankfurt am Main (Suhrkamp) 2003.

DESCARTES, RENÉ, *Abhandlung über die Methode des richtigen Vernunftgebrauchs und der wissenschaftlichen Wahrheitsforschung* (1863), übers. v. Kuno Fischer, Stuttgart (Reclam) 1961.

DIELS, HERMANN, *Die Fragmente der Vorsokratiker*, Berlin (Weidmann) 1960.

DIOGENES LAERTIUS, *Leben und Meinungen berühmter Philosophen* Bd. II, Bücher VII-IX, übers. v. Otto Apelt, Leipzig (Meiner) 1921.

DONNE, JOHN, »Meditation XVII«, in: *Devotions upon Emergent Occasions*, Montreal (MacGill-Queen's University Press) 1975; s.a. »17. Meditation«, in: *Nacktes denkendes Herz*, übers. v. Annemarie Schimmel, Köln (Jakob Hegner) 1969.

DU DEFFAND, MARIE DE VICHY CHAMROND, *Correspondance complète de la Marquise du Deffand avec ses amis*, Paris (Plon) 1865.

DUMONT, JEAN-PAUL; DELATTRE, DANIEL, und POIRIER, JEAN-LOUIS, *Les écoles présocratiques*, Paris (Gallimard) 1991.

EPIKTET, *Handbüchlein der Moral und Unterredungen*, hrsg. v. Heinrich Schmidt, Stuttgart (Kröner) 1966.

EPIKUR, *Von der Überwindung der Furcht. Katechismus, Lehrbriefe, Spruchsammlung, Fragmente*, übers. v. Olof Gigon, Zürich u. Stuttgart (Artemis) 1968.

– *Wege zum Glück*, übers. v. Rainer Nickel, Düsseldorf u. Zürich (Artemis & Winkler) 2005.

ERASMUS VON ROTTERDAM, *Lob der Torheit*, Ulm um 1537.

FEYERABEND, PAUL, *Wider den Methodenzwang*, Frankfurt am Main (Suhrkamp) 1975.

GAUCHET, MARCEL, *Le désenchantement du monde. Une histoire politique de la religion*, Paris (Folio) 2005.

GOTTRAU, BERNARD DE, *Du droit aux indications de provenance et spécialement à l'appellation »gruyère«*, Paris (De Boccard) 1935.

HEGEL, GEORG WILHELM FRIEDRICH, *Grundlinien der Philosophie des Rechts* (1821), Berlin (Akademie-Verlag) 2005.

– »Briefe von und an Hegel« Bd. II, in: *Sämt-*

liche Werke Bd. XXVIII, Hamburg (Meiner) 1953.

HEIDEGGER, MARTIN, *Sein und Zeit*, Tübingen (Niemeyer) 1993.

HINES, MELISSA, und ALEXANDER, GERIANNE M., »Sex differences in response to children's toys in nonhuman primates«, in: *Evolution and Human Behavior* Bd. 23, Nr. 6, S. 467–479.

HORAZ (Quintus Horatius Flaccus), *Werke in einem Band*, hrsg. v. Manfred Simon, Berlin/Weimar (Aufbau) 1990

HOUELLEBECQ, MICHEL, *Elementarteilchen*, München (List) 2001.

HUGO, VICTOR, *Die Elenden* Buch II, Bd. 5, 14, übers. v. Paul Wiegler, Berlin (Volk u. Welt) 1952.

HUSSERL, EDMUND, *Philosophie als strenge Wissenschaft*, Frankfurt am Main (Klostermann) 1981.

KAEGI, DOMINIC, und RUDOLPH, ENNO (Hg.), *Cassirer – Heidegger*, Hamburg (Meiner) 2002.

KANT, IMMANUEL: *Was ist Aufklärung?*, Frankfurt am Main (Suhrkamp) 1977.

KERN, EDITH, »Die Gärten in der Rahmenhandlung des Decameron«, in: Brockmeier, Peter, *Boccaccios Decameron*, Darmstadt (Wissenschaftliche Buchgesellschaft) 1974.

KIERKEGAARD, SÖREN, »Das Gastmahl«, in: *Stadien auf des Lebens Weg*, Gütersloh (Gütersloher Verlagshaus) 2002.

KUHN, THOMAS SAMUEL, *Die Struktur wissenschaftlicher Revolutionen*, übers. v. Kurt Simon, Frankfurt am Main (Suhrkamp) 1997.

LÉVINAS, EMMANUEL, *Ethik und Unendlichkeit. Gespräche mit Philipp Nemo*, übers. v. Dorothea Schmidt, Wien (Passagen) 1986.

LEWIS, DAVID, *On the Plurality of Worlds*, Oxford (Blackwell) 1986.

LIPOVETSKY, GILLE, und CHARLES, SÉBASTIEN, *Les temps hypermodernes*, Paris (Grasset) 2004.

MAFFESOLI, MICHEL, *Le réenchantement du monde – morales, éthiques, déontologies*, Paris (La table ronde) 2007.

MALRAUX, ANDRÉ, *So lebt der Mensch*, übers. v. Ferdinand Hardekopf, Berlin (Volk und Welt) 1981.
– Interview mit Pierre Desgraupes, in: *Le Point* v. 10. 11. 1975.

MARX, KARL, und ENGELS, FRIEDRICH, *Das Kapital* Bd. I, Berlin (Dietz) 1962.

MEDAWAR, PETER B., *Induction and Intuition in Scientific Thought*, London (Methuen) 1969.

MERLEAU-PONTY, MAURICE, *Das Sichtbare und das Unsichtbare*, übers. v. Regula Giuliani u. Bernhard Waldenfels, München (Wilhelm Fink Verlag) 1986.

MOLIÈRE, »Don Juan oder Der steinerne Gast«, in: *Ausgewählte Werke in drei Bänden* Bd. I, übers. v. F. S. Bierling, Stuttgart (Cotta) 1882.

MONTAIGNE, MICHEL EYQUEM DE, *Essais* Bde I u. II, übers. v. Johann Daniel Tietz (1753/54), Zürich (Diogenes) 1992.

MONTESQUIEU, CHARLES DE, *Meine Gedanken*, übers. v. Henning Ritter, München (dtv) 2001.

NEF, FRÉDÉRIC, *Qu'est-ce que la métaphysique?*, Paris (Gallimard) 2004.

NIETZSCHE, FRIEDRICH, *Ecce Homo*, Frankfurt am Main (Insel) 1977.

PARMENIDES, *Über das Sein*, übers. v. Ekkehard Martens, Stuttgart (Reclam) 1981.

PLATH, SYLVIA, *Ariel. Gedichte englisch und deutsch*, übers. v. Erich Fried, Frankfurt am Main (Suhrkamp) 1974.

PLATON, *Das Gastmahl*, übers. v. Franz Eckstein, München (Goldmann) 1966.

PLUTARCH, »Tischreden«, in: *Vermischte Schriften*, übers. v. Johann Friedrich Kaltwasser, München u. Leipzig (Georg Müller) 1911.

POPPER, KARL, *Logik der Forschung*, Wien 1935 u. Tübingen (Mohr Siebeck) 2005

– *Die beiden Grundprobleme der Erkenntnistheorie* aufgr. v. Manuskripten aus den Jahren 1930–1933 hrsg. von Troels Eggers Hansen, Tübingen (Mohr Siebeck) 1994.

– *Vermutungen und Widerlegungen*, Tübingen (Mohr Siebeck) 2000.
– »Falsifizierbarkeit, zwei Bedeutungen von«, in: Seiffert, Helmut, und Radnitky, Gerard (Hg.), *Handlexikon zur Wissenschaftstheorie*, München (Ehrenwirth) 1989.
– *Ausgangspunkte. Meine intellektuelle Entwicklung*, Hamburg (Hoffmann u. Campe) 1979.

QUÉTELET, ADOLPHE, *Über den Menschen und die Entwicklung seiner Fähigkeiten oder Versuch einer Physik der Gesellschaft*, übers. v. V. A. Riecke, Stuttgart (Schweizerbart) 1838.

REGIS, GOTTLOB, *Das Swift-Büchlein*, Berlin (Duncker & Humblot) 1847.

ROSTAND, EDMOND, *Cyrano de Bergerac*, Paris (Imprimerie Nationale) 1983.

SCHMITT, CARL, *Der Begriff des Politischen*, Hamburg (Hanseatische Verlagsanstalt) 1933, Erweiterung des Aufsatzes von 1927.
– *Theorie des Partisanen. Zwischenbemerkung zum Begriff des Politischen*, Berlin (Duncker & Humblot) 1963.

SCHOPENHAUER, ARTHUR, »Parerga und Paralipomena«, in: *Sämtliche Werke* Bde IV u. V, Frankfurt am Main (Suhrkamp) 1989.

SHAKESPEARE, WILLIAM, »Hamlet, Prinz von Dänemark«, übers. v. August Wilhelm Schlegel, in: *Sämtliche Werke*, Eltville am Rhein (Bechtermünz) 1988.

SOLLERS, PHILIPPE, »Rallumez les Lumières!«, in: *Le Nouvel Observateur* Nr. 2198/9 v. 21.12.2006.

SPINOZA, BENEDICT (BARUCH) DE, *Die Ethik, nach geometrischer Methode dargestellt*, übers. v. Otto Baensch, Hamburg (Meiner) 1963.

STIEGLER, BERNARD, *Réenchanter le monde, la valeur de l'esprit contre le populisme industriel*, Paris (Flammarion) 2006.

SWIFT, JONATHAN, *Winke zu einem Versuch über Conversation*, s. Regis, Gottlob.

TOCQUEVILLE, ALEXIS DE, *Über die Demokratie in Amerika* Bd. II, Stuttgart (DVA) 1962.

TOSCHES, NICK, *Unsung Heroes of Rock 'n' Roll. The Birth of Rock in the Wild Years Before Elvis*, Cambridge (Da Capo Press) 1984.

VARRO, MARCUS TERENTIUS, *Saturae Menippeae* Bd. II, übers. v. Werner A. Krenkel, St. Katharinen (Scripta Mercaturae), 2002.

VOLTAIRE, *Candide oder der Optimismus*, übers. v. Wolfgang Tschöke, München, Wien (Hanser) 2002.

WEBER, MAX, *Die protestantische Ethik und der Geist des Kapitalismus*, München (Beck) 2006.

YASCHWILI-MCGREGOR, MARCELLO (jr.), *Ontologie des Zufalls*, Rostow am Don (Akademitscheskoje isdatelstwo) 1979.

ZIZEK, SLAVOJ, zit. nach Robert Misik, in: *Junge Welt* v. 8.7.2005.

PIPER

Paul Watzlawick

Wenn du mich wirklich liebtest, würdest du gern Knoblauch essen

Über das Glück und die Konstruktion der Wirklichkeit.
Herausgegeben von Klaus Stadler und Heidi Bohnet.
224 Seiten. Gebunden

Paul Watzlawick, der österreichische Kalifornier, ist als Psychotherapeut und Konstruktivist ein Mythos. Seine Bücher sind seit vielen Jahren Bestseller, ob »Anleitung zum Unglücklichsein«, »Wie wirklich ist die Wirklichkeit?« oder »Gebrauchsanweisung für Amerika«. Zum ersten Mal gibt es nun das Beste von Paul Watzlawick, seine wichtigsten und unterhaltsamsten Texte. Die Auswahl macht neugierig auf mehr und führt zugleich in sein Denken ein. Warum die Amerikaner noch immer an die Zukunft glauben, weshalb man Watzlawicks »Anleitung« keinesfalls befolgen darf, wenn man glücklich werden will, was Wirklichkeit wirklich ist und warum die Menschen immer wieder auf scheinbar hundertprozentige Lösungen hereinfallen – das und viel mehr ist hier nachzulesen.

01/1578/02/R

PIPER

Karl R. Popper

Alle Menschen sind Philosophen

Herausgegeben von Heidi Bohnet und Klaus Stadler.
281 Seiten. Gebunden

Der aus Wien stammende Philosoph Karl Raimund Popper (1902–1994) war einer der einflußreichsten Denker des 20. Jahrhunderts. Er hat vor allem die Wissenschaftstheorie, die Diskussion um das Leib-Seele-Problem, das politische Denken im allgemeinen und das Nachdenken über die Demokratie im besonderen maßgeblich beeinflußt. Poppers Bücher sind weltweit zu Klassikern geworden. Im vorliegenden Band sind Texte zusammengestellt worden, die aus seinen im Piper Verlag erschienenen Büchern entnommen wurden. Sie machen neugierig auf Karl Popper, führen in sein Denken ein und zeigen besonders deutlich, wie klar er schwierige Fragen analysieren und wie verständlich er schreiben konnte. Poppers Texte helfen den Lesern, die Welt besser zu verstehen. Ob er sich zur Philosophie allgemein, zum Bewußtsein und zum menschlichen Selbstbewußtsein, zu Fragen und Grenzen der Erkenntnis, zu den Ursprüngen des Wissens oder zur Demokratie und zum Frieden äußert – immer beeindruckt Karl Popper durch die Klarheit seines Denkens und seiner Sprache sowie durch seine sokratische Bescheidenheit.

01/1098/02/R

PIPER

Julian Baggini

100 philosophische Gedankenspiele

Aus dem Englischen von Sonja Hauser. 320 Seiten. Serie Piper

Darf man einen Menschen foltern, um dadurch Tausende von Leben zu retten? Können Selbstmordattentate moralisch akzeptabel sein? Haben wir das Recht, bindende Entscheidungen über unser zukünftiges Ich zu treffen? Und darf ein überzeugter Vegetarier das Fleisch eines Schweins essen, wenn sich das Schwein dies ausdrücklich wünscht? Julian Baggini lädt zum Philosophieren ein und präsentiert 100 klassische und originelle Rätsel aus der Geschichte philosophischen Nachdenkens. Von Zenons Paradox über Platons Höhlengleichnis und Buridans Esel bis zum Gefangenendilemma und den Fragen, die »Clockwork Orange« oder »Und täglich grüßt das Murmeltier« aufwerfen – unser Alltag ist voller Zwickmühlen und moralischer Fallstricke, denen man mit Bagginis angewandter Philosophie spielend entkommt.

»Endlich ein Sammelband für Halbwissende, denen die Primärliteratur entweder zu dick oder zu wenig bebildert ist. Und eine Steilvorlage für tiefsinnige Kneipengespräche!«
Die Zeit – Campus

01/1737/01/R